星云大师
总策划

佛光山金玉满堂系列

禅话禅画

星云大师·著

高尔泰 蒲小雨·绘

中国出版集团　现代出版社

图书在版编目（CIP）数据

禅话禅画 / 星云大师著；高尔泰，蒲小雨绘 . — 北京：现代出版社，
2017.10

（佛光山金玉满堂系列）

ISBN 978-7-5143-6344-9

Ⅰ．①禅… Ⅱ．①星… ②高… ③蒲… Ⅲ．①禅宗—通俗读物
Ⅳ．① B946.5-49

中国版本图书馆 CIP 数据核字（2017）第 176820 号

本书由上海大觉文化传播有限公司独家授权出版中文简体字版

**禅话禅画**

总 策 划：星云大师
作　　者：星云大师著　高尔泰　蒲小雨绘
责任编辑：张　霆　曾雪梅
出版发行：现代出版社
通信地址：北京市安定门外安华里 504 号
邮政编码：100011
电　　话：010-64267325　64245264（传真）
网　　址：www.1980xd.com
电子邮箱：xiandai@vip.sina.com
印　　刷：三河市南阳印刷有限公司

开　　本：710mm×1000mm　1/16
字　　数：234 千字
印　　张：21
版　　次：2018 年 1 月第 1 版　2018 年 1 月第 1 次印刷
书　　号：ISBN 978-7-5143-6344-9
定　　价：56.00 元

# 编者序

## 饮一壶禅香

二十几年前，星云大师应邀在电视上讲说《六祖坛经》；隔年，即应《新闻晚报》副刊的邀请，撰写"星云禅话"专栏，将古今富有意趣的禅门事迹公之于世，当时美国和泰国的《世界日报》也一并刊登，得到社会大众的喜爱，电视台首先将文字结集成书发行，美国卫得朗出版社亦将英译本出版，佛光文化也以中英对照的《星云禅话》问世；几年后，联经、皇冠等多家知名的出版社，亦陆续出版发行。

1993年，大师鉴于禅法是一股安定身心的力量，而禅画可广收寓教于乐的效果，于是亲自邀请高尔泰和蒲小雨夫妇绘制一百幅禅画，虽然每幅画的规格尺寸一样，但画家希望每幅画的人物形象都是独立的，就如他们提到的："一百幅画，一百个构图，几百个人物形象，要避免有两个一样，也真不容易。"总之，这些画不仅为个人，也为禅宗艺术史留下崭新的一页，成为现代禅画代表作的一部分；1996年，佛光文化再将《星云禅话》与高尔泰夫妇的禅画两相对照出书，定名为"禅话禅画"；2011年，授权给江苏文艺出版社发行。

2009年至2012年期间，大师除了修正旧稿之外，继续增补《星云禅话》篇章，每天供稿于《人间福报》刊登，三年共计1084篇，2012年9月已由香海文化付梓成十册套书。星云大师曾经说："禅，好比一朵花，为生命增色彩；禅，好像一撮盐，为世间添滋味；禅，类似一幅画，能美化环境；禅，如同一滴水，能滋润身心。"

《禅话禅画》在每个公案前先引用一段禅门诗偈，再引领读者进入正文，辅以注释及读者思考、讨论，并且将明代袾宏大师的《缁门崇行录》改写为现代白话，作为延伸。最后，冀盼读者在阅读每一篇禅话禅画之时，皆能禅香四溢，亦期盼每一滴法雨，能津润你我心灵的深处。

# 目 录

## 第三章

## 第四章

## 第五章

第一章

# 锄草斩蛇

世事纷纷如闪电，轮回滚滚似云飞；

今日不知明日事，那有工夫论是非。

**【公案】**

某天，归宗智常禅师正在锄草，草丛里突然钻出一条蛇，禅师举起锄头便要砍。有位前来参学的学僧①看到了，很不以为然，批评说："很久以前，我就很仰慕这里慈悲的道风②，可是到了这里，却只看见一个粗鲁的俗人。"

归宗禅师问："像你这样说话，是你粗，还是我粗？"

学僧不高兴地反问："那你说什么叫粗？"归宗禅师把锄头放下来。

学僧又问："什么是细？"禅师举起锄头做砍蛇的姿势。

对于"砍蛇的姿势是细，放下了锄头反是粗"，学僧无法明白归宗禅师的用意。

归宗禅师说："先不谈粗细，请问你在什么地方看见我斩蛇啦？"

学僧毫不客气地说："当下。"

归宗禅师就用教诫的口气说："当下不见到自己，却来见到我斩蛇做什么！这不是颠倒吗？"

归宗禅师的话，终使学僧深有所悟。


禅宗历史上有所谓"南泉斩猫"的故事，有人以为，杀生是佛门的根本大戒，南泉禅师不应该杀生。也有人说，这是南泉古佛的大机大用，不能以狭隘的见解诬谤大德。其实，南泉斩猫或许以手作势斩猫，为的是斩断大众的物欲和执着。

现在归宗禅师斩蛇，也可能是作势欲斩，学僧却见风即雨，脱口就说没有慈悲。可是归宗禅师既有德望号召学者，岂能容你说粗说细，所以他教诫学僧不要停滞在见闻觉知上，禅要割断常情，去除知识。知识是从分别心来的，禅是从无分别上建立的智慧，为什么要在外境上分别执着，而不能照顾当下的自我呢？

**【注释】**

①学僧：又作学问僧。其义有二，一指研究佛教之僧侣，二指有学问之僧侣。

②道风：道之化人如风之靡草者，称为道风。《无量义经·德行品第一》云："道风德香熏一切。"

**【思考】**

1. 为什么归宗禅师要做斩蛇的姿势？

2. 学僧最后醒悟到什么？

3. 简述你对"慈悲"的定义。

**【延伸——缁门崇行录】**

南朝法朗法师，徐州沛县（今江苏沛县东）人。最初跟随大明寺宝志禅师学禅，精通戒律、论藏。陈武帝时曾奉敕入京驻兴皇寺，宣讲《华严》《中论》《百论》《十二门论》等，声誉名扬京城，听讲的人很多。他将所得到的供养都用来刻佛经、造佛像、建塔盖寺，救济生活穷困的人。看到牲畜就买回去饲养，鹅、鸭、鸡、狗充满整个房子。这些牲畜看大师睡觉休息时，都安静地不出声；当大师探望它们时，都一齐鸣吠，比敲锣打鼓还要热闹，这或许是因为对大师怀着感恩之情吧！

——赎养生命

# 偷不去

吾有一躯佛，世人皆不识；不塑亦不装，不雕亦不刻。

无一块泥土，无一点彩色；工画画不成，贼偷偷不得。

体相本自然，清净常皎洁；虽然是一躯，分身千百亿。

## 【公案】

日本有一位大愚良宽禅师，是很有名的禅者，他住在一座高山脚下的小茅屋里，过着非常清苦的生活。

有一天晚上，一位小偷光顾他的茅屋，小偷在茅屋里翻来翻去，找不到值得一偷的东西。

正当这个时候，良宽禅师从外面回来，碰见这位鼠贼，禅师就对小偷说："你也许不远千里而来，我这里实在没有什么值钱的东西，但是你既然来了，也不能空手而回。"说着就把身上所穿的外衣脱下来，送给小偷当作礼物。

小偷大概太穷了，虽然不好意思，仍然拿了衣服，飞奔着逃走。

良宽禅师仅穿着内衣站在门前，欣赏着天上的明月，同时心里不断地吟道："但愿我也能把这美丽的月亮送给你就好了。"


世界上有不少人靠乞讨为生，甚至也有不少人靠偷窃生活，但是我们从没有见过一个乞讨或偷窃的人能够发财。世间人用种种方法侵占、聚敛，但人生最后究竟又拥有什么呢？所谓"空空而来，空空而去"，这就是人间的实相。

如果我们真的想拥有世间，清风明月可以供我们欣赏，山河大地可以让我们遨游，又何必斤斤计较于那一点点的声色货利？

月亮是偷不去的，自家宝藏的佛性也同样是偷不去的，就像大自然的财富，是我们每一个人都拥有的。所以，世间其实没有穷人，每个人都拥有三千世界，只要心中可以容纳，何必要偷窃一些小利呢？

【思考】

1. 良宽禅师看到小偷时有什么反应？

2. 文中美丽的月亮代表什么？

3. 你觉得世间还有什么是偷不去的？

## 【延伸——缁门崇行录】

　　唐朝承远大师，最初在成都学道，后来住在衡山西南的石岩下。有人送食物来他就吃，没人送时他就以草木为食。有人慕名前来造访，恰巧和他在崖谷处相遇，大师正担着薪柴，身形瘦弱，劳作时弄脏了脸，来访的人误以为是仆役，不知道他就是承远大师。代宗听到他的德名，亦前来参礼，并赐其所住的居所为"般舟道场"，世称大师是净土宗三祖。

　　古时尧住的房屋是用茅草盖成的，和一般的村舍没两样；禹穿着破旧的衣服，别人不晓得他是帝王，还以为他是野人。何况，出家人本来就应以一钵一衲来维持生命，还讲究什么呢？如今有些出家人，服饰考究奢华，还雇请了许多奴仆，生怕别人不晓得他有钱，而得意扬扬地走在街上，这种人应该感到惭愧吧！

——人疑仆从

# 老僧何似驴？

凡圣两忘，体用一如；

见无相者，即见如来。

**【公案】**

传承仰山慧寂禅师禅风的南塔光涌禅师，有一天在外弘法后，回到仰山禅师的住处来，仰山禅师一见到他就问："回来做什么？"

光涌先合十，再顶礼，然后才说："礼拜和尚。"

仰山禅师用手指指自己，问道："你还见老僧吗？"

光涌肯定地回答："见！"

仰山禅师非常严肃地再问："老僧何似驴？"

光涌毫不犹豫地说："和尚也不像佛。"

仰山禅师再用手指一指自己，说："那么我像什么？"

光涌不以为然地答说："如果有所像，那么跟驴有什么分别呢？"

仰山禅师听了弟子的这种回答，不禁哈哈大笑，赞叹说："这句问话，我已经用了二十年，用它来考验人，没有一个人能说得出来。今天你回答我的，真是凡圣情尽，不从分别上去认识世间，而从无分别上去体悟世间，真是太好了。善自护持！善自护持！"

像什么？用一句真实的话来说，像什么的，已经是不像什么；不像什么的，其实就已经是像什么了。见着的，都没有见着；没有见着的，都已经是见着了。现在我们说的禅，并不是在故弄玄虚，正如《金刚经》说："所言一切法者，即非一切法，是故名一切法。"所以，如果我们不背弃执着，不背弃对待，不背弃分别，那就不是佛法；要背弃了以后，才是佛法。

这世间所有的一切，都是生灭变异法，都是无常的法。你说能像什么，能像的都是不像，而真理法身如同虚空，虚空虽说无相，其实是无所不相。你有见到虚空吗？虚空像什么？

【思考】

1. 试述本文之大意。

2. 为什么仰山禅师会赞叹光涌禅师？

3. 浅述"无常"的真义。

## 【延伸——缁门崇行录】

五代后周行因大师隐居于庐山佛手岩。每天夜深时，就有一只麋鹿和一只山雉栖息在石屋旁，竟然不会感到疑惧或惶恐，温驯得如同伴侣一般。大师平生不收徒弟，但是邻近寺庙的出家众会主动服侍、侍奉他。有一天大师说："把帘子卷上，我要走了！"帘子才刚卷好，大师下床走了几步，就挺立圆寂了。

欲望多的人，临命终时更加厉害，甚至对妻妾的依恋也无法释怀，对世上的人和事物，也都不能放下。不仅是世俗的人，出家人也有像这样的。行因大师一生清气逼人，圆寂犹如游戏一般，不是很好吗？

——鹿鸟为侣

# 一与十

一生十，十生百，

宇宙万有，皆一禅心。

**【公案】**

唐朝的龙潭寺崇信禅师是湖南人氏，未出家之前，他在天皇寺道悟禅师的寺院旁，摆了一个卖饼的摊子，勉强糊口。道悟禅师怜悯他穷苦，就让他在寺中的一间小屋居住。龙潭崇信为了感恩，每天送十个饼给道悟禅师。道悟禅师收下饼之后，每次总叫侍者还给崇信一个。

有一天，龙潭崇信忍不住向道悟禅师表示不满："饼是我诚心送您的，您却每天还我一个，是看不起我吗？"

道悟禅师耐心地解释说："你能每天送我十个，为什么我不能每天还你一个？"

龙潭崇信很不服气地反驳："我能送你十个，哪里还需要您还我一个？"

道悟禅师哈哈大笑说："一个你嫌少吗？十个我都没有嫌多。"

龙潭崇信听后，似有所悟，请求道悟禅师为他剃度，让他出家。

道悟禅师说："一生十，十生百，乃至能生千万，诸法皆从一而生。"

崇信则回应："一生万法，万法皆一！"


这一段公案，完全表现了自他一体、能所不二的禅心。天皇道悟禅师的房子，给龙潭崇信禅师住，这表示我的就是你的；道悟禅师收下崇信的烧饼以后，又再还一个给崇信，这表示你的就是我的。当然，那时天皇道悟禅师的苦心，不是一个卖饼的俗人所能了解的，但在禅师的点化下，终于触动崇信的慧心，觉悟到多少不二，你我不二，心物不二，有无不二，原来宇宙万有，千差万别，皆一禅心也。

【思考】

1. 天皇道悟禅师还给崇信禅师一个饼的用意为何?

2. 试举例说明"一生万法,万法皆一"的道理。

3. 你从本文得到哪些启示?

【延伸——缁门崇行录】

放牛居士,杭州人,姓余,参学于隆兴黄龙无门慧开禅师,于南宋理宗淳祐年间悟道。他说:"世上聪明的人,刚一听到生死大事,便用心意识去理解,所以把影子当作真人,等到临命终,眼皮子将合起时,才向阎王老子说:'等我静定收摄心神妄念之后,再跟您去。'千万不可以啊!要急参急悟才好。"

放牛居士的这些话,可以说是警惕学人。若是真大彻大悟之人,他平日心地踏得牢牢固固、稳稳当当,不必动干戈,可以四面八方受敌而无妨,无常生死到来时,安闲自如,不慌不忙,不怖不乱,何必等待澄心摄念,勉强借故推托呢?所谓"急参急悟",是我们修行人应该努力追求的。

——急参急悟

# 不变应万变

本无一事可思求，平地风波信笔收；

从地倒还从地起，十方世界任悠游。

**【公案】**

寿州有一位道树禅师，他建了一座寺院，院址恰与道士<sup>①</sup>的道观<sup>②</sup>为邻。道士看到寺院建在他的道观旁边，心里很不高兴，想逼道树禅师把佛寺迁走。于是，道士们每天不是呼风唤雨，就是撒豆成兵，以法术将佛寺中的年轻沙弥们全都吓走了。可是道树禅师不为所动，在这座寺院里一住就是十多年，到了最后，道士们的法术神通都用尽了，再无伎俩可施，可是仍然看不惯佛寺就位于自己的道观旁，只好忍痛放弃道观，远走他处。

后来，有信徒问道树禅师说："那些道士神通广大，法术高强，您怎么能胜过他们的呢？"

道树禅师说："我能够胜他们的只有一个字——无。"

信徒问："'无'怎能胜他们呢？"

道树禅师说："他们有法术、有神通，'有'是有限、有尽、有量、有边。而我没有法术；没有法术是无，'无'是无限、无尽、无量、无边。无能胜有，因为以不变应万变；'有'会变，可是'无'不变；不变能胜过会变。所以，我的'无'——不变，当然就胜过他的'有'——万变了。"

人生在世，难免会遇到一些艰难挫折，最重要的就是自己要肯定自己，要能处变不惊，以不变应万变，保持定力，安忍度过人生各项考验的关卡。

道树禅师这种以不变应万变的禅心，倒是现今身处在急速发展的现代社会里的我们，最好的生活态度。

**【注释】**

①道士：我国古代好谈神仙之说或奇方异术之人。源于战国时代燕、齐一带之近海地区。以修炼成仙及不死药等方术求得统治者的信任。又称为"方士"。

②道观：指道教的庙。

**【思考】**

1. 为什么道树禅师能胜过法术高强的道士？

2. 略述你对"有"与"无"的看法。

3. 试述一则以"不变应万变"的人生经验。

**【延伸——缁门崇行录】**

唐朝道积法师，住持益州福感寺。法师秉性仁慈，凡是患恶疮病的人，即使全身长脓又有烂洞，恶臭让闻到的人都会掩起鼻子走开的，法师都供应他们衣食；有时和患者用同一食器，有时还帮他们缝补、清洗衣物。有人问他，怎么能忍受这种环境和生活？法师回答："清净和臭秽，全是分别心产生的心理作用，我哪里真能修到如如不动的平等智呢？只不过借由这个环境来磨炼身心罢了！"

——秽疾不嫌

# 不信是真谛

郁郁黄花无非般若，青青翠竹尽是法身；

真俗二谛孰为正，不相信处道更亲。

**【公案】**

南阳慧忠国师是唐朝有名的禅师。有一天，有个学僧向他请示："古德云：青青翠竹，尽是法身；郁郁黄花，无非般若①。不信的人认为是邪说，有信仰者认为是不可思议，但不知如何才是正确？"

慧忠国师听了就回答说："此是文殊、普贤等之境界，非诸凡夫小乘们所能信受。所以《华严经》云：佛身充满于法界，普现一切众生前；随缘赴感靡不周，而恒处此菩提座。翠竹既不出于法界，当然就是法身。又《般若经》云：色无边，故般若亦无边。黄花既不越于色，岂非般若？故经本不定法，法本无多子②。"

学僧听后，仍是不明白"一法即一切法"的真理，再问说："此中消息，信者为是，不信者为是？"

慧忠国师答说："信者为俗谛③，不信者为真谛④。"

学僧一听大惊："不信者讥为邪见，禅师怎可说不信者为真谛？"

慧忠国师回答："不信者自不信，真谛者自真谛，因其真谛，故凡夫斥为邪见。邪见者，何能语真谛？"

学僧这个时候才悟到，所谓究竟真理，不易为小乘凡夫所信受。

佛陀当初证悟的时候，即慨叹自己所悟的宇宙人生真理，与众生的知见相违背。众生认为欲乐为真，佛陀则认为欲乐为假；佛陀认为欲乐为苦，众生却认为欲乐为乐；众生认为佛性真如是无，佛陀则认为是有。故世间之法，不能以信与不信为标准，不能以好、坏为标准。所以真正以佛的眼光来看世间、看人生、看一切，实则是佛道的归于佛道，邪见的归于邪见。

"青青翠竹尽是法身，郁郁黄花无非般若。"你若能体会出个中道理，那么翠竹、黄花皆是佛法；你若体会不出，虽则佛道、禅道仍在，你也不能相应。

**【注释】**

①般若：指明见一切事物及道理的智慧。

②无多子：即无特别之意。

③俗谛：佛教依照事物的现象，阐发的浅明而易为世人所理解的道理。

④真谛：指真实不妄之义理。

**【思考】**

1.试述"一法即一切法"的意思。

2.略述"信者为俗谛，不信者为真谛"的含义。

3.佛陀证悟了什么真理与众生相违？

**【延伸——缁门崇行录】**

唐朝慧斌法师，兖州（今山东省）人，博览穷究经论，后来专修禅定，以慈悲救济众生为己任。到了夏天，走路时都怕踏伤微小虫蚁，所以在踏出脚步之前，都会先拿起扫帚轻扫地面。收到供养，都默默地去做布施利人的事。虽然做了种种善事，仍告诫他人不要将这些事透露出去。

——行先执帚

# 我不是众生

个个明明呈似君，不须特地策功勋；

风和日暖黄鹤叫，春在花梢已十分。

## 【公案】

有一位年轻的学僧，向兴善惟宽禅师提出一个问题："狗子有没有佛性？"

惟宽禅师回答："有。"

学僧又进一步问说："禅师您有没有佛性？"

惟宽禅师回答说："我没有。"

"为什么一切众生都有佛性，而禅师您反而没有佛性呢？"

惟宽禅师答说："因为我不是你所说的众生。"

"您不是众生，难道禅师您是佛吗？"

惟宽禅师就答："也不是佛。"

"那您究竟是什么？"

惟宽禅师说："我不是一个'什么'。"

学僧最后就问："那是我们能够看得到、想得到的吗？"

惟宽禅师说："那是不可思、不可议的不可思议。"


我是什么？如果人人都能肯定自我，那就是真我。肯定我是佛，我是一切，我是法身，所谓真我非众生，非不众生。我们的心每天在十法界（佛、菩萨、缘觉、声闻、天、人、阿修罗、畜生、饿鬼、地狱）来来去去，不知道多少次，时而佛心，时而地狱心，时而天堂心。如果一念善心生起，那就是天堂，那就是佛性；一个恶念生起，那就是凡夫，那就是地狱、饿鬼、畜生。所以我们既是众生，也是非众生。

人人有佛性，本来是佛，可是我们不知道自己是佛。我们的心被虚妄所左右，每天妄想、分别、执着，与佛道就距离很远。参禅，就是从禅里面找回自己的佛性，找回自己的真如，找回自己的禅心。

**【思考】**

1. 你认为狗子有没有佛性？为什么？

2. 惟宽禅师说自己不是众生的意思为何？

3. 为什么我们的心每天会在十法界来来去去？

**【延伸——缁门崇行录】**

晋朝僧群法师，清贫而守气节，在罗江县的霍山中搭一间茅屋住。山在海中，有一块直径数丈的大石头，清泉清冷香甜。茅舍和大石中间隔着一条深沟，上有独木桥，可以走过去汲水。后来有一只野鸭折断了翅膀停栖在桥上，僧群法师想用锡杖拨开它，但又怕伤及鸭，于是放弃汲水，就这样绝饮而终。

人为了保护动物的生命而忘了自己，再没有比这更慈悲的了！或许有人会说："为了保护鹅的生命，忍受挨打的痛苦，还算符合情理；像僧群法师这样牺牲自己的生命，不是过分了吗？"唉！圣人看自己的身躯如臭皮囊，人生不过如梦幻泡影，如果对众生有利，则丢弃生命如涕唾一般。就如佛陀在因地修菩萨行时，舍身饲虎，割肉喂鹰，皆是舍己为人的心肠使然啊！哪里是凡夫执着贪恋这四大假合之身所能明白的呢！

——护鸭绝饮

# 不能代替

坐破蒲团不用功，何时及第悟心空；
真是一番齐着力，桃花三月看飞红。

**【公案】**

开善道谦禅师在大慧宗杲禅师门下参禅多年，始终不能契悟入道。有一天，老师派他去拜访一位远方的大德，道谦担心这样的远行，会荒废了参禅，想推辞不去。

同参宗元禅师呵斥他："哪有在路途中就不能参禅的道理？我和你一起去吧！"

道谦不得已，只好与宗元禅师同行。途中，道谦向宗元禅师说起自己参禅始终不得力，如今又只能在路上奔波，流着眼泪叹息不知何时才能与禅相应。

宗元禅师鼓励道谦："这样好了，从现在起，只要我能帮你做的事我一定代劳。可是有五件事我帮不上忙，必须得靠你自己。"

道谦禅师连忙问："哪五件事？"

宗元禅师回答："第一，吃饭。因为我吃饭你不能饱。第二，穿衣。因为我穿衣你不能暖和。第三，屙屎。第四，撒尿。第五，走路。这五件事只能你自己来，我帮不了忙。"

道谦一听终于言下有悟，向宗元禅师道谢，宗元禅师笑着对道谦说："我可以回去了，你继续前行吧！"

俗语说得好："黄金随着潮水流下来，你也应该起个早，把它捞起来。"世间没有不劳而获的成就；万丈高楼平地起，万里的路程也要由第一步开始。所以，所谓寻找自己，证悟自己的真如本性，别人丝毫不能代劳，一切都要靠自己。

学禅的时候，连佛都可以不去依靠，因为自己要担当，佛只是一个引导，如果一切都依靠佛，自己岂不永远是奴隶了吗？

所以，学禅要顶天立地直下承担，不要别人来代替，一切由自己做起。

【思考】

1. 本文说，人生不能代替的有哪五件事？
2. 除了上述五件事，你认为还有哪些事不能代替？
3. 为什么说学禅要顶天立地直下承担？
4. 请分享读后心得。

【延伸——缁门崇行录】

唐朝玄朗大师，是傅大士的第六代嗣孙。常行头陀苦行，依山岩水涧边隐居一室，别号左溪尊者。屋子虽然小，但他视如法界无量般的宽大，正是华严一微尘里无量刹的心境。一件上殿礼佛搭的七衣，穿了四十几年；一条坐卧具，用了一辈子。到了晚上，如果不是为了查经典，绝不随便点蜡烛；如果不是要礼佛，绝不随便走动一步。洗钵的时候，会有许多鸟在上空盘旋。刺史王正容屡次请师入城说法，大师都推托有病不能去。

现代人读了《永嘉大师答朗禅师书》，里面写着："见道忘山者，人间亦寂也；见山忘道者，山中乃喧也。"于是藐视朗师，认为其偏于宴安寂寥，却不知道这是永嘉大师用来破玄朗大师法执，一时权机方便的话，冀盼能推其出山广度众生的意思。而左溪尊者遗留的风范，正是今日学人所应学习的啊！

——左溪遁迹

# 放下什么？

学道犹如守禁城，昼防六贼夜惺惺；

将军主帅能行令，不用干戈定太平。

**【公案】**

佛陀住世时，有一位名叫黑指的婆罗门①，来到佛陀的座前，双手拿着两个花瓶，想献给佛陀，并请佛陀开示佛法。

佛陀见到黑指婆罗门就说："放下！"

黑指婆罗门一听，以为佛陀叫他把花瓶放下，所以立刻将左手拿的那个花瓶放下来。

佛陀又说："放下！"

黑指婆罗门于是将右手的花瓶也放下来。

然而，佛陀还是对他说："放下！"

这时，黑指婆罗门非常疑惑地问："我已经把双手的花瓶都放下来了，我现在两手空空，再也没有什么可以放下了，请问佛陀你现在还要我放下什么？"

佛陀就说："我叫你放下，并不是叫你放下花瓶，我要你放下的是你的六根②、六尘③和六识④。当你将根、尘、识都放下时，就再也没有什么对待、分别，甚至你将从生死的桎梏中解脱出来。"

黑指婆罗门这时才了解佛陀叫他放下的道理。


说到"放下"，这是非常不容易做到的。我们有了功名，就对功名放不下；有了金钱，就对金钱放不下；有了爱情，就对爱情放不下；有了事业，就对事业放不下……有了什么，我们就对什么放不下。我们在世间生活得很辛苦，就是因为放不下。

我们需要放下的，岂止是手上的花瓶？肩上的重担，心上的压力，是非、人我、荣辱、有无、得失，都将我们紧紧地缠绕住。假如我们在必要的时候，能够像佛陀指示的"放下"，那么，走向幸福解脱之道，是有希望达成的。禅的宗旨，也就是要我们对一切都能拿得起放得下。

**【注释】**

①婆罗门：指古印度四姓中，最上位之僧侣、学者阶级。自认为印度社会之最胜种姓，一切知识之垄断者。

②六根：指眼、耳、鼻、舌、身、意。

③六尘：指色、声、香、味、触、法。此六境犹如尘埃能污染人的情识。

④六识：指眼、耳、鼻、舌、身、意等六种认识作用。

**【思考】**

1. 佛陀真正要黑指婆罗门"放下"什么？

2. 生活中，你曾经"放下"什么，而得到什么？

3. 什么是六根、六尘、六识？并说明三者之间的关系。

**【延伸——缁门崇行录】**

南朝梁道超法师，跟随灵基寺旻法师学道，经常独处僧房，谢绝宾客朋友造访，整间屋子布满灰尘，四壁都可以听到蟋蟀的叫声。中书郎张率说："虫声聒噪满耳，灰尘堆积高过膝盖了，难道你对这种环境不介意吗？"道超法师说："四壁的蟋蟀虫鸣，我听起来就像箫声管乐；随风来访的灰尘，我没时间清扫，以致怠慢了您这位宾客，实在惭愧！"张率听了大为赞叹佩服。

——虫鸣尘积

# 到了龙潭

穷诸玄辩，若一毫置于太虚；

竭世枢机，似一滴投于巨壑。

## 【公案】

德山宣鉴禅师一向在北方讲经说法，是当地一位很有名的禅门大师。

有一次，他携带着自己所著述的《金刚经青龙疏钞》到南方去，想找一些禅门学者辩论，结果刚到南方就被一位老婆婆奚落，自此收敛起狂傲的心。

那位老婆婆是卖烧饼的，因为德山禅师说要吃点心，老婆婆便以《金刚经》的经文"过去心不可得，现在心不可得，未来心不可得"问他要点哪一个心。德山禅师深为折服。

后来，德山禅师去参访龙潭崇信禅师，一见面就问："这是什么地方？"

龙潭禅师回答："龙潭。"

德山禅师逼问："既名龙潭，为何既不见龙，又不见潭？"

龙潭禅师直截了当地说："你非常辛苦，你已经到了龙潭。"

德山禅师一听，若有所悟，从此跟随着龙潭禅师参禅。

某天夜晚，德山禅师站在龙潭禅师身旁，久久不发一言，也不离去。

"夜已深了，你怎么还不回去休息？"龙潭禅师终于问他。

德山于是向门口走去，忽然回头说："外面天黑！"

龙潭禅师便点了一支蜡烛。

正当德山禅师伸出手来接时，龙潭禅师突然将蜡烛吹熄，德山恍然大悟，立刻跪下来向龙潭禅师顶礼。

龙潭崇信禅师问："你见到了什么？"

德山禅师回答："从今以后，我对天下禅师的舌头都不会再有怀疑了。"

第二天，德山禅师将《金刚经青龙疏钞》焚毁，说："穷诸玄辩，若一毫置于太虚；竭世枢机，似一滴投于巨壑。"

经典里无论怎么精辟解说，都是分别的知识。禅门无言，才是无分别心的证悟。在黑暗的夜晚，点了烛火又再吹灭，意谓外在的光亮熄灭以后，内心的禅光就会亮起来了。有禅光看清了真我，所谓的语言文字、分别意识，都是大海一滴了。

**【思考】**

1. 为何说过去、现在、未来之心皆不可得？

2. 龙潭禅师点了蜡烛又将它吹熄的用意为何？

3. 德山禅师为什么最后将所著的疏钞烧毁？

**【延伸——缁门崇行录】**

晋朝法桥法师，年少时喜欢诵读佛经，但没有宏亮的音声，于是绝食七天，每天虔诚礼拜观世音菩萨，祈求现世能获得好音声的果报。

同学都苦口婆心劝他不要这样对待自己，他还是不听。到了第七天时，他忽然感觉喉咙内顿然畅达，取水喝下，从此以后，诵经时，一里外的人都可以听到他清亮的声音。

——忏获妙音

第二章

# 佛祖！佛祖！

心佛众生三无差别，
直下承担可免沉沦。

**【公案】**

唐朝南阳慧忠国师①感念侍者②为他服务了三十年，想有所报答，助他开悟，于是有一天，他喊道："侍者！"

侍者一听国师呼唤他，立刻回答道："国师，有何指示？"

国师无可奈何地说道："没有什么。"

过了一会儿，国师又叫道："侍者！"

侍者立刻又回答道："国师，做什么？"

国师又无可奈何地说道："不做什么！"

如是多次后，国师不得已，改口叫道："佛祖！佛祖！"

侍者茫然不解地反问道："国师，你叫谁呀？"

国师只好明白地开示："我在叫你！"

侍者不明所以："国师，我是侍者，不是佛祖啊！"

慧忠国师不禁慨叹地对侍者说道："你将来可不要怪我辜负你，其实是你辜负我啊！"

侍者分辩道："国师，不管如何，我都不会辜负你，你也不会辜负我呀！"

慧忠国师答道："事实上，你已经辜负我了。"


慧忠国师与侍者，谁辜负了谁，这且不去论；但侍者只承认自己是侍者，不敢承担佛祖的称谓，这是非常遗憾的事。禅门讲"直下承担"，所谓"舜何人也，予何人也，有为者亦若是"。佛教讲"心、佛、众生，三无差别"，然而众生只承认自己是众生，不承认自己是佛祖，沉沦生死，无法回家，实在可悲。

无门慧开禅师曾说："铁枷无孔要人担，累及儿孙不等闲；欲得撑门并拄户，更须赤脚上刀山。"老国师年高心孤，对侍者用按牛头吃草的方法，使其觉悟，无奈侍者只是侍者，不敢承担是佛祖。

**【注释】**

①国师：我国各朝代帝王对德学兼备之高僧所赐的封号。含有一国民众之师、帝王之师等意。

②侍者：指随侍师父、长老之侧，听从其令，予以服侍者。

**【思考】**

1. 国师为什么要接二连三叫唤侍者？

2. 何谓"心、佛、众生"三无差别？

3. 从这则公案中，你得到哪些启示？

**【延伸——缁门崇行录】**

宋朝圆通讷禅师，晚上经常禅坐修定。初夜时，其两手结印神态自在安然；到了中夜，其两手会渐渐地升高到胸口。侍者每看到大师两手升至胸口时，就知道天要亮了。

——终夜拱手

# 文殊现身

苦瓜连根苦，甜瓜彻蒂甜；

修行三大劫，却被这僧嫌。

**【公案】**

无着文喜禅师虔诚地去朝礼五台山，他在到达五台山的前一天晚上，投宿在一茅屋里，屋内住了一位老翁。

文喜问说："请问您，五台山这许多的道场，内容如何？"

老翁回答："龙蛇混杂，凡圣交参。"

文喜又问："五台山的住众究竟有多少？"

老翁回答："前三三，后三三。"

文喜第二天醒来，发现茅屋不见了，自己睡在空旷的露地，文殊菩萨赫然骑着狮子现在空中。当时，文喜非常悔恨自己有眼不识菩萨，心想昨天的老翁一定是文殊菩萨的化身，却没有向菩萨当面多请教，空自错过因缘，实在遗憾。

后来，文喜在仰山慧寂禅师的座下参禅悟道，从此安心地住在仰山禅师那里，担任典座（煮饭）的职务。

有一天，他在煮饭的时候，忽然从饭锅的蒸汽上，又见到文殊菩萨现身。他举起饭铲向文殊菩萨打去，说道："文殊自文殊，文喜自文喜，今日惑乱我不得。"意思是，他不被外相所迷，当下自我肯定，心外无佛，心外无法，一切从自性里直下承担，所以不管你文殊不文殊，我文喜自文喜。

文殊菩萨听了以后，就说了一首偈子："苦瓜连根苦，甜瓜彻蒂甜；修行三大劫，却被这僧嫌。"

吾人因不明自己本性，终日心外求法，故患得患失；若能自悟自性，了解众生即佛，佛即是众生，又何必自悔自恼呢！文殊的偈语不是怕人嫌他，而是在说明三大阿僧祇劫的修行，今天才真正逢到知音，终于有人认识他了。原来文殊、文喜在禅者眼中是自他不二啊！

**【思考】**

1. 试述本文之大意。

2. "文殊自文殊，文喜自文喜"的含义为何？

3. 为什么文殊菩萨说"修行三大劫，却被这僧嫌"？

4. 如何不被外相所迷惑？试举例说明。

**【延伸——缁门崇行录】**

晋朝道安法师，十二岁出家，天生聪敏，但其貌不扬，不为师父所器重，于是就派他到田里耕种；这样做了三年，每天勤劳作务，从来不曾抱怨。几年后，才去拜见师父求授经典。师父给他一卷《辨意经》，有五千多字。他就带着这本经去种田，利用休息时读经。傍晚归来，再请求师父授予其他经典，师父说："昨天给你的经都还没读完，怎么又来请呢？"他回答说："那部经我已经会背诵了。"

师父虽然很惊讶，但仍然不太相信，于是再给他一卷《成具光明经》，这部经将近一万字，道安法师仍带着经书去种田，黄昏回来还经。师父叫他背诵，居然一字不差，师父方始大为惊奇赞叹。

道安法师，就像祭拜圣贤或祖宗宫庙里的宝玉一样，叫他去耕种，他服从、勤劳且无怨言。现代的弟子们才稍具一点儿小才能，对他稍不客气就要离开！更何况是长期种田服劳役呢！想到这里，不禁感慨万千！

——力役田舍

# 还好有我在

肯定自我，不随生死；

不计有无，即为解脱。

**【公案】**

云岩昙晟禅师与长沙的道吾圆智禅师，同是药山惟俨禅师的弟子，两人非常要好。道吾禅师四十六岁才出家，比云岩禅师大了十一岁。

有一天，云岩禅师生病，道吾禅师去探望时问他："离却这个壳漏子①，向什么处再得相见？"意思是：往生以后，我们在哪里相见？

云岩禅师毫不迟疑地回答："不生不灭②处相见。"

道吾禅师不以为然，提出不同的意见："何不道非不生不灭处相见？"

说完也不等云岩的回答，拿起斗笠便往外头走去。云岩禅师叫道："请停一下再走，我还有话请教。你拿斗笠做什么？"

"有用处！"

云岩禅师追问："风雨来时，做么用？"意思是，大风大雨时，一顶斗笠有什么用？

道吾禅师答："覆盖着。"

云岩禅师："他还受覆盖也无？"

道吾说："虽然如此，要且无漏③。"

云岩禅师病愈后，口渴煎茶。

道吾禅师问："煎茶给谁吃？"

云岩答："有一个人要吃！"

"为什么他自己不煎？"

云岩回答："还好有我在！"


*云岩和道吾是同门师兄弟，道风却不同。道吾活泼热情，云岩*

古板冷清，但二人在修道上互勉互励，彼此心中从无芥蒂。二人谈论生死，有道在生灭处相见，有道在无生灭处相见。生灭与不生灭，其实在禅者心中一如也。

道吾拿一斗笠，是让本性无漏也。在佛法里，漏就是烦恼的意思。能无漏，就是远离烦恼，即为完人。病中的云岩论生死，非常淡然。煎茶时道"还好有我在"，如此肯定自我，不堕生死，不计有无，这就是禅的解脱。

## 【注释】

①壳漏子：比喻人之身躯。又作可漏子。

②不生不灭：乃"生灭"之相对词。为常住之意。据《般若心经》谓，此世一切之存在有"无实体"之特性，不生亦不灭。此一思想萌芽于佛教以前之印度社会，后成为佛教根本教义之一。

③无漏：漏，乃烦恼之异名。指远离一切烦恼根源之法。

## 【思考】

1. 云岩禅师说的"还好有我在"的含义为何？

2. 试列举三种远离烦恼的方法。

3. 试论何为你心中的"肯定自我，不堕生死"。

## 【延伸——缁门崇行录】

南朝刘宋求那跋陀罗，中印度人，随缘云水度众。到了荆州时，谯王请大师讲《华严》等经，大师自忖不谙华语，无法胜任，于是日夜礼忏，祈求观世音菩萨加被。有一天晚上，他忽然梦见一位白衣人手持着剑，并擎着一颗人头来，问说："你有什么担忧的事？"大师据实把这件事告诉他。那人立即挥剑砍去求那跋陀罗的头，安上新的脑袋，大师霍然惊醒，从此之后，就完全通晓华语音义，开始讲经弘法。

——梦中易首

# 自伞自度

迷时师度，
悟时自度。

**【公案】**

世间的人有好多种，有的人希望人家帮助我、利益我，有的人希望帮助人、利益人，有的人既不希望人家帮助，也不愿意去帮助别人，希望一切靠自己。

禅者，有靠自己的性格，所谓"迷时师度，悟时自度"，当未悟得禅时，他靠老师；一旦有了禅悟，他就靠自己，甚至再去帮助别人。

有一个赶路的信者在屋檐下躲雨，雨一直下着，不知道什么时候才会停。这时，他忽然看见一位禅师，撑着伞从面前经过，于是他就大声喊叫道："禅师，禅师！普度一下众生吧，带我一程如何？"

禅师回答："我在雨里，你在屋檐下；屋檐下无雨，你不需要我度。"

信者立刻走出檐下，站在雨中说："现在我也在雨中，禅师该度我了吧！"

禅师就说："我也在雨中，你也在雨中，我不被雨淋，是因为我有伞；你被雨淋，是因为你无伞；你要被度，不必找我，请自找伞度吧！"说完便走了。


禅师的意思就是参禅学道要靠自己，自己有伞就可以不被雨淋。

我们自己有真如佛性，应该自己直指本心，见性成佛，只要自己能够明心见性，自然就不会被魔所迷惑。自己雨天不带伞，却想要别人来助你，就如平时不找到真如佛性，只想靠别人度你，放着自家宝藏不用，专想别人的，怎么能称心如意？

有人问说，我们拿念珠念佛菩萨的名号，而佛菩萨也拿念珠，念什么呢？当然也是念佛菩萨的名号。所谓求人不如求己，自伞自度，凡事要反求诸己。禅师不肯借伞，并不是不慈悲，这实在是禅师的大慈大悲啊！

【思考】

1. 禅师为什么不肯度信者？

2. 为什么禅者有靠自己的性格？

3. 请分享阅读这则公案的心得。

【延伸——缁门崇行录】

隋朝富上法师，挂单于益州净德寺，经常将斗笠系挂在路旁，自己就盘坐在那里读诵经文，任由来往的路人随喜布施。遇到有人布施，他也不道谢或替施主消灾祈福。但由于道路僻静，人烟稀少，所以多年来也没有得到多少供养。

有人告诉他说："城西北人多，也欢喜布施，您何必一定要在这里？"

法师回答说："一钱两钱，就足以维持生命了，要那么多钱做什么呢？"

陵州刺史赵仲舒，是当时三代严刑的酷吏，不信佛法，也不敬三宝，听到此事，故意要试探他；骑马经过时，佯装掉下一贯钱（一千钱，古时一贯即一千）。法师读经自若，好像没有看到一样。赵刺史去了很远后，再派人去取钱，法师也不管。于是赵刺史就问他："您每天所得到的不过一钱，现在一贯钱掉在地上，您看到别人捡去，为什么不阻止呢？"法师说："那又不是我的东西，别人捡去干我何事？"

赵刺史听了十分佩服，从马上下来向法师恭敬顶礼，然后赞叹而去。

——遗钱不顾

# 心与性

寒时结水成冰，暖时融冰成水；

迷时结性为心，悟时融心成性。

**【公案】**

有一位学僧到南阳慧忠国师的道场参禅学道。某天，他问慧忠国师说："禅，是'心'的别名，而'心'是在佛不增、在凡不减的真如①实性，禅宗的祖师们将此'心'易名为'性'，请问禅师，'心'与'性'之间的差别如何？"

慧忠国师毫不隐瞒地回答说："迷时心是心、性是性，心性②是有差别的；悟时心是性、性是心，则无差别。"

学僧听了又问说："可是经上说，佛性是常，心是无常，为什么你却说，心与性无差别呢？难道常与无常没有差别吗？"

南阳慧忠国师耐烦地为学僧举例："你只依语而不依义，自然就不懂了。譬如寒时结水成冰，暖时则融冰成水；迷时结性成心，悟时融心成性。心性本同，依迷悟而有差别，所以在本体上，心性是不二的。"

刚开始研究佛学的人，常常会因佛学的名词而迷惑，例如，在这本经里读到的是"心"，到那一本经中，读到的却是"性"，有时候讲"真如"，有时候却讲"本性"。其实心性的别名很多，如本来面目、如来藏、法身、实相、自性、真如、本体、真心、般若、禅等，这无非是用种种方法要吾人认识自己。

迷悟虽有差，本性则无异，就如以黄金制成耳环、戒指、手镯等金饰，眼中看到的金饰虽然不同，但熔合起来还是黄金。如果能明白这个道理，就知道心与性名虽不同，实则都是我们的本性，都是禅中的宝藏。

**【注释】**

①真如：谓永恒存在的实体、实性，亦即宇宙万有的本体。又作如如、如实、实相等。

②心性：即心之本性。又称自性。

**【思考】**

1. 略述"心"与"性"之间的差别。

2. 慧忠国师用什么来譬喻心与性？

3. 为什么说佛性是常、心是无常？试举例说明。

**【延伸——缁门崇行录】**

齐朝法愿大师，颍川人。齐高帝礼他为国师，尽弟子之礼；齐武帝继位，也是对他极为礼敬。

有一天，太子文惠到寺里问候并请示法愿大师说："我用清铙雅乐供养佛菩萨，其福德如何？"大师回答："往昔菩萨用八万种歌舞伎乐来供养佛，尚且不如以至诚清净心奉行佛法的功德，你今天吹箫、打鼓，又算什么呢？"

喜欢做佛事（如斋会、法会）而不明佛理，虽然花费很多财力，不过是招感三界果报的业因而已。愿公这一席话，不仅觉醒了世俗人的迷惑，而且也是后世出家人的良药啊！

——较论供养

# 一喝有多重

听闻容易实践难，侮慢师尊总枉然；

自大贡高空费力，聪明盖世也徒然。

**【公案】**

宋朝翰林学士苏东坡，有一次与东林常总禅师谈论"情与无情，同圆种智<sup>①</sup>"的问题，忽然有所觉悟。因此，作了三首诗表示未参禅前、参禅时以及参禅悟道后的心得。分别是：

"横看成岭侧成峰，远近高低各不同；

不识庐山真面目，只缘身在此山中。"

"庐山烟雨浙江潮，未到千般恨不消；

及至归来无一事，庐山烟雨浙江潮。"

"溪声尽是广长舌<sup>②</sup>，山色无非清净身；

夜来八万四千偈，他日如何举似人？"

有了这样的禅悟以后，苏东坡对佛法自视更高。

有一天，他听说湖北荆州玉泉寺的承皓禅师禅门高峻，机锋<sup>③</sup>难触，苏东坡心中甚为不服，于是微服求见承皓禅师。

"有闻禅师禅悟的功行很高，请说禅悟是什么？"

承皓禅师不答，反问他："请问您贵姓？"

苏东坡说："姓秤，乃称天下长老有多重的'秤'！"

承皓禅师大喝一声，说："请问这一喝有多重？"

苏东坡无以为对，礼拜而退。

苏东坡参禅的三个层次，正如青原行思禅师曾形容禅的三个阶段：谓参禅前，见山是山，见水是水；参禅时，见山不是山，见水不是水；到了参禅悟道后，见山又是山，见水又是水。

禅者经此三关，虽能开悟，但并非修证；悟是解，修属证。故禅者由悟起修，由修而证；如无修证者，遇承皓禅师此等禅宗大匠的一声大喝，就瞠目结舌、哑口无言了。

## 【注释】

①种智：指了知一切种种法之智慧。

②广长舌：指舌广而长，柔软红薄，能覆面至发际，如赤铜色。此相具有两种表征：（1）语必真实；（2）辩说无穷。

③机锋：禅林用语。又作禅机。意谓师家或禅僧与他人对机或度化学人时，常以寄意深刻、无迹象可寻，乃至非逻辑性之言语来表现一己之境界或考验对方。

## 【思考】

1.简述苏东坡参禅悟道的三个阶段。

2.试述"情与无情，同圆种智"的含义。

3.你对"由悟起修，由修而证"这句话有什么想法？

## 【延伸——缁门崇行录】

隋朝道悦法师，荆州人，常持诵《般若经》。住持玉泉寺时，适值朱粲造反，到寺里勒索粮食，又想加害他。道悦大师一点儿也不怕；窜贼看他丝毫不怕，就不杀他，叫他带路到机要地，大师走了几步，就结跏趺坐说："我是出家人，不是引路人，我这四大假合的色身，就任你们宰割吧！"朱粲非常惊讶他这崇高的节操，于是亲自送他回寺。

——不引贼路

# 高与远

手把青秧插满田，低头便见水中天；

身心清净方为道，退步原来是向前。

## 【公案】

龙虎寺禅院聚集了许多青年学僧，他们正在寺院的围墙上草拟一幅龙争虎斗的壁画。图中，龙在云端盘旋，正作势往下冲；老虎盘踞山头，作势欲扑。虽然已修改多次，学僧们总认为画中的动态不足。

适巧无德禅师从外面回来，学僧们就请禅师对这幅壁画表示一下意见。

无德禅师仔细观看后，就说："画得很好！但是，龙与虎的特性没有掌握住。龙在攻击之前，头会向后退缩；虎要上扑时，头必然会向下压低。龙颈后屈的角度越大，虎头越贴近地面，就冲得更快、跳得更高。"

学僧们欢喜受教，齐声说："老师真是一语道破，原来我们不仅将龙头画得太向前，而且虎头也抬得太高了，怪不得总觉得动态不足。"

无德禅师于是借机开示："学僧们，为人处世，参禅修道的道理也一样，必须退一步地准备之后，才能冲得更远；谦卑地反省之后，才能爬得更高！"

学僧不解："老师，退步的人怎能向前？谦卑的人又怎能更高？"

无德禅师严肃地说："你们且听我一偈，'手把青秧插满田，低头便见水中天；身心清净方为道，退步原来是向前'。诸位仁者，能会意吗？"

学僧们至此，似有所悟。


禅者的人格，有自尊的一面，他们有时顶天立地，孤傲不群，有如龙抬头、虎前扑；但有时也非常自谦，有如龙退缩、虎低头。这正说明了当进则进，当退则退；当高则高，当低则低。所谓进退有据，高低有时也。

　　龙为兽中之灵，虎为兽中之王，禅者乃人中之贤。同样都要以退为进，以伏为高，以谦为尚。以此原则来参禅修道，为人处世，不是也很相宜吗？

【思考】

1. 试述龙与虎的特性。

2. 为什么退步的人能向前，谦卑的人能更高？

3. 请分享一则"以退为进"的故事。

【延伸——缁门崇行录】

　　北齐僧稠大师时负盛名，文宣帝经常率领左右随从及侍卫到寺院，大师一向都在寮房静坐，不去迎接也不去送行。他的弟子直言规劝他对皇帝还是要卑躬些为好，大师回答说："昔日宾度罗尊者就因为走出门外七步迎接优填王，致使优填王失国七年；我的德行虽比不上宾度罗尊者，但也不敢破坏出家人的形象，只冀望皇帝因恭敬三宝而获得福报罢了。"因此，天下人对大师清高的德行更加崇仰，称他为"稠禅师"。

——驾不迎送

# 夜 游

禅门之教育，以慈悲为母，
以方便为父，行不言身教。

## 【公案】

日本江户时代，有一位仙崖义梵禅师，在他的寺院里，共有一百多位弟子跟随着禅师学习。其中有一位年轻的沙弥，因为年纪还小，玩心很重，每每在晚饭之后，偷偷地溜到后院去，然后用一个高脚凳做垫脚，翻墙到外面去游玩。

有一天，沙弥又翻墙出去夜游，正好仙崖禅师在夜里出来巡察①，发现后院的墙角有一张高脚的凳子，知道有人偷溜到外面去。禅师没有惊动任何人，只是静静地将高脚凳移开，然后站在墙角下等候。沙弥夜游回来，不知道凳子已经移走，一脚就踩在仙崖禅师的肩上跳下来，然后他才看清楚竟然是禅师，惊慌得不知如何是好。

但是，仙崖禅师非常慈祥温和，一点儿都没有责备他，反而安慰他说："夜凉如水，小心受凉。赶快回去加一件衣服吧！"

虽然这件事情仙崖禅师从未对任何一个人谈起，但从此以后，寺里再也没有人在晚饭后出去夜游了。

仙崖禅师以鼓励代替责备，以关怀代替处罚，反而收到了教育的效果。

禅门的教育一向以慈悲方便为原则，以天下父母的心，来对待子弟。虽然有时棒喝斥责，但是这也要看受教者的根机，才会以大慈悲、大方便来教育。

今日的老师、父母在教育子弟时，要观察学生、儿女的根性，然后才施予教化。爱心、关怀、辅导、帮助，才能达到教育的效果。

**【注释】**

①巡寮：指禅林中，住持巡视山内诸寮，以咨问老病、点检寮舍之缺乏等。其缘起于佛陀在世时，世尊尝以五事而五日一按行僧房：恐弟子着于有为事；恐着于俗论；恐着于睡眠；为探问病僧；令年少比丘观佛陀威仪安详肃穆，心生欢喜。

**【思考】**

1. 仙崖禅师如何感化夜游的学僧？

2. 简述一段在学习过程中印象最为深刻的事件。

3. 请分享一则成功的教育典范。

**【延伸——缁门崇行录】**

隋朝智兴法师，在大庄严寺职掌叩钟的职务。

隋炀帝大业五年，同住在寺院的三果法师，有一个哥哥，随皇帝出行时半路病亡，他妻子就梦见丈夫对她说："我到了彭城不幸生病死了，死后堕入地狱，备经痛苦，幸闻庄严寺鸣钟，音震地狱，方能解脱；要报答这个恩情，就送绢帛十匹给智兴法师。"

于是，他的妻子就献绢帛十匹给智兴法师，智兴法师自谦无德，把布分送给在场的人。大家问他叩钟为何能有如此感应？他说："我叩钟时，就开始祝祷'愿诸圣贤同入道场'；然后叩三下，再来长叩前又祈求'愿诸恶趣闻我钟声，俱离苦恼'。"严冬极冻，法师掌内凝血，皮都裂开了，但是他从来不会因为辛苦而推卸叩钟的责任。

——叩钟拔苦

# 我也可以为你忙

名医化导有来因，疾病伤寒先忌嗔；
脉理深微能平性，良方精细度迷津。

## 【公案】

佛光禅师有一次见到克契禅僧的时候，问道："你来此学禅，已有十二个秋冬，怎么从来不向我问道呢？"

克契回答道："老禅师每日忙碌，学僧实在不敢打扰。"

一过又是三年。有一天，佛光禅师在路上又遇到克契，再问道："你参禅修道上有没有什么问题？怎么不来问我呢？"

克契禅僧仍回答："老禅师很忙，学僧不敢随便和您谈话！"

又过了一年，克契禅僧正巧经过佛光禅师禅房，禅师又再对克契禅僧说道："我今天有空，请进来禅室谈谈禅道。"

克契禅僧赶快合掌作礼，说道："老禅师您忙吧，我怎么敢占用您老人家的时间呢？"

佛光禅师知道克契禅僧过分谦虚，不敢直下承担，再怎么参禅也不能开悟，看来非采取主动的手段不可，所以在又一次遇到克契禅僧的时候就问道："学道参禅，要不断地参究，你为何老是不来向我问道呢？"

克契禅僧还是说道："老禅师您很忙，学僧不便打扰。"

佛光禅师当下大声喝道："忙，忙，究竟为谁在忙呢？我也可以为你忙啊！"

佛光禅师的一句"我也可以为你忙"，蓦然打进了克契心中，当下有所领悟。


有的人太顾念自己，不顾念别人，一点儿小事就再三烦人；有的人却太顾念别人，不肯丝毫为己，最后就错失机会。禅的本来面目，就是直下承担。当吃饭的时候吃饭，当修道的时候修道，当发问的时候要发问得确实，当回答的时候要回答得肯定，不可以在似是而非里转来转去。

修道途中，自己要勇敢，自己要承担，不可以拖延岁月。我可以为你忙，你为什么不要我帮忙呢？人我之间不需要分得那么清楚。禅是一个机锋，在机锋的那一刻，不必客气，就直下承担吧！

**【思考】**

1. 为何克契禅僧不敢打扰佛光禅师？

2. 试述"我也可以为你忙"的真正含义。

3. 试述你与人之间的相处模式。

**【延伸——缁门崇行录】**

五代永明寺延寿禅师，未出家前是专管库房的役吏，曾用公家的钱买物放生，罪当处死刑，吴王却下令特赦他。禅师出家后，曾专心虔诚诵读《法华经》二十一天。有一天晚上，突然梦见观世音菩萨用甘露灌入他口中，自此辩才无碍。

——甘露灌口

# 古镜未磨

多年古镜要磨功，垢尽尘消始得融；
静念投于乱念里，乱心全消静心中。

**【公案】**

有一天，洞山晓聪禅师让云居晓舜禅师出外化缘，云居晓舜禅师首先向一位饱参的刘居士化缘。

居士说："老汉有个问题，您若答得相契，我便布施；若不相契，就请回吧。"接着居士就问，"古镜未磨时如何？"

云居晓舜禅师很快地回答："黑如漆。"

居士再问："古镜磨了以后呢？"

云居晓舜禅师回说："照天照地。"

居士不以为然，拱手为礼，说："抱歉，恕不布施，您请回吧！"说完就转身回府，闭门不出。

云居晓舜禅师愣了一下，闷闷不乐地回到了洞山，洞山晓聪禅师问他原因，云居晓舜便说出他与刘居士的对答经过。

洞山晓聪禅师说："这样吧，你来问我，我回答给你听。"

云居晓舜就问："古镜未磨时如何？"

洞山晓聪禅师回答："此去汉阳不远。"

云居晓舜再问："古镜磨后又将如何？"

洞山晓聪禅师微笑说："黄鹤楼前鹦鹉洲。"

云居晓舜听了，猛然醒悟。


若以古镜来比喻我们的自性，自性本自清净，本不生灭，本自朗照，何能分别未磨已磨？何况自性者，在圣不增，在凡不减，云居晓舜禅师却说未磨前黑如漆，已磨则照天照地，显示云居禅师还未能清楚地认识自性，难怪无法获得饱参的刘居士之认同。反观洞山晓聪禅师的回答，古镜未磨是"此去汉阳不远"，古镜已磨是"黄鹤楼前鹦鹉洲"，表示已能认识自性当下即是。

## 【思考】

1. 为什么刘居士不肯布施东西给云居禅师？
2. 何谓"自性"？试举例说明。
3. 试述一则因"分别心"而产生的心理变化。
4. 如何远离"分别心"？

## 【延伸——缁门崇行录】

唐朝智则法师，雍州长安人。性情磊落潇洒不羁，经常穿着一件破僧衲，衣裾只垂到膝盖上。寮房除了一张单人床、一个用瓦做的钵、一个用木做的汤匙之外，就再也没有其他东西了。

他住的房间，门不掩闭，大家都说他是个狂妄古怪的人，他听了感慨万千地说："说人家狂妄古怪的人，不知道自己才是啊！出家离俗，还要为衣食操心，生活起居还要遮遮掩掩的，出门时门要锁，箱子要盖紧，这样实在是浪费时间，又扰乱道业，然后又积蓄种种财物，终日劳苦忙碌而心不安，这种人若不是狂者，再没有比这个更为狂妄的了！"

——门不掩闭

第三章

# 岂曾混淆

舍内分明有个人，无端答应内无人；

叩门借宿非他也，你我原来都是人。

**【公案】**

有位云水僧在各地参访学禅，经过一位老太太所管理的庵堂①，他进去挂单，好奇地问："师姑，这一座庵堂，除了你之外，还有其他的眷属吗？"

老婆婆说："山河大地，树木花草，飞禽走兽，一切都是我的眷属。"

云水僧再问："无情②不是有情③。山河大地，树木花草，都是无情。师姑是人，是有情。树木花草，山河大地，何曾是师姑的样子？"

老婆婆反问云水僧："那么，你看我是什么样子？"

云水僧说："俗人！"意思是说，老婆婆是世俗的人、在家人。

老婆婆听了以后，就对云水僧说："你也不是出家人！"

云水僧一听到说他不是出家人，就辩解说："师姑可不能混淆佛法！"

老婆婆说："我并没有混淆佛法！"

云水僧又说："以你一个世俗的人来主持庵堂，把树木花草看成道友④，这样不是在混淆佛法，是什么呢？"

老婆婆说："法师，你不可以这么说。你是男人，我是女人，何曾混淆？"


禅不分在家、出家；不分男人、女人。悟道的深浅，是很容易看出来的。

宇宙万有，本来是一体的；心佛众生，是无差别的。可是，我们硬是要将此一体分割，如此世上是非善恶，有情无情，甚至男女异类，世间诸法，就对待不已了。

对待就是烦恼，但若以禅心来看，皆是一真法界。如老婆婆所说："何曾混淆？"在禅心里，何曾混淆？

**【注释】**

①庵堂：指出家、退隐者远离村落所居之房舍。

②无情：指没有情识作用的东西。如草木金石、山河大地等。

③有情：指有情识之生物。如人类、诸天、饿鬼、畜生、阿修罗等。

④道友：指一起修道、志同道合的朋友。

**【思考】**

1. 为什么老婆婆说山河大地都是她的眷属？

2. 老婆婆说云水僧不是出家人的用意为何？

3. 当烦恼找上门时，你如何去除？

4. 试撰写一篇读后心得。

**【延伸——缁门崇行录】**

唐朝遂端法师，住在应润寺，专精于《法华经》，昼夜十二时经常不停地讽诵，越老越是勤勉。唐懿宗咸通二年，忽然结跏趺坐而圆寂了，不久，口中长出了七枝青莲花。

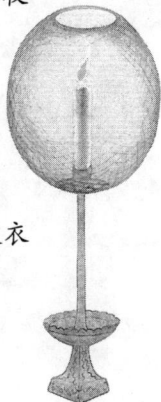

遂端法师被葬在东山下二十几年，坟墓常散发奇异的光芒，于是大家就建议把棺木打开来，竟然发现法师的遗体容貌和活人没有两样，于是众人将他迎请回去，并且涂金披衣装饰供养。所以，现在应润寺就叫"真身院"。

——口出青莲

# 大颠与韩愈

坐禅成佛心中病，磨砖作镜眼中眼；

一破牢关金锁断，等闲信步便归家。

## 【公案】

唐宪宗非常崇信佛法，专程迎请佛的舍利到宫殿里供奉。有一天夜里，宫殿中忽然大放光明，早朝的时候，群臣纷纷向皇帝祝贺，说这都是舍利①的功德所致，只有韩愈不但不道贺，还呈上《谏迎佛骨表》一文，斥佛为夷狄，触怒了皇帝，于是被贬到潮州当刺史。

当时的潮州地处蛮荒，文化未开，可是有一位道行非常高超的大颠宝通禅师，深为大众所推崇。韩愈听说当地有这么一位高僧，有一天就抱着问难②的心态去拜访大颠禅师。

当时，大颠禅师正在入定禅坐，韩愈不好上前贸然问话，因此，苦等了很久。侍者看出韩愈不耐烦的样子，于是走到大颠禅师的座前，用引磬③在禅师的耳边轻轻敲了三下，并且对禅师说："先以定动，后以智拔。"意思是说，禅师的参禅入定已经打动了韩愈原本傲慢的心，现在应以智慧向他说法来拔除他的执着。

韩愈在一旁听了侍者的话，立刻行礼告退，说："幸于侍者口边得个消息。"

禅门接引学人，善于观机逗教，所以禅师教化人，有时是沉默无言的教示，有时是一言半语的提携，有时是一进一退的诱导，有时则是一动一静的启发。凡此种种，无不充满了禅机，无不散发着禅味。

侍者的一句"先以定动，后以智拔"，看似对大颠禅师所说，其实也启迪了韩愈的禅心。禅，不是靠别人教、靠别人给的，而是靠自己去修持、去体悟，悟道完全是自家的事情。

①舍利：原指佛陀火化后之遗骨。后来泛指高僧死后焚烧所遗之骨头。又名佛骨、佛舍利、舍利子。

②问难：指诘问辩驳。

③引磬：法器名。即碗状之小钟，以小铁枹击之。于底部之中央贯钮，附有木柄，便于把持，故又称手磬。

【思考】

1. 略述《谏迎佛骨表》之内容。

2. 韩愈听了"先以定动，后以智拔"体会出什么？

3. 请分享一则观机逗教的故事。

## 【延伸——缁门崇行录】

唐朝韬光禅师，搭茅舍住在灵隐山西峰。杭州刺史白居易写了一首诗邀他来应供。禅师回了一首偈子谢绝邀请，偈中有"城市不堪飞锡到，恐惊莺啭尽楼前"的句子，他的风格是如此高超。

古时也有一位大德辞谢朝廷权贵宴请的偈子："昨日曾将今日期，出门倚杖又思惟；为僧只合居山谷，国士筵中甚不宜。"这种清高的意境和韬光禅师先后如出一辙。啊！这两首偈子，如果出家人朝暮吟咏，待些时候应该会有所体悟吧！

——不赴俗筵

# 灭却心头火自凉

若能转物即如来，春至山花处处开；

自有一双慈悲手，摸得人心一样平。

## 【公案】

有一个久战沙场的将军，已厌倦战争，专程到大慧宗杲禅师处要求出家，他向宗杲道："禅师！我现在已看破红尘，请禅师慈悲收留我出家，让我做你的弟子吧！"

宗杲："你有家庭，有太重的社会习气①，你还不能出家，慢慢再说吧！"

将军："禅师！我现在什么都放得下，妻子、儿女、家庭都不是问题，请您即刻为我剃度吧！"

宗杲："慢慢再说吧！"

将军无法，有一天，起了一个大早，就到寺里礼佛，大慧宗杲禅师一见到他便说："将军为什么那么早就来拜佛呢？"

将军学习用禅语诗偈说道："为除心头火，起早礼师尊。"

禅师开玩笑地也用偈语回道："起得那么早，不怕妻偷人？"

将军一听，非常生气，骂道："你这老怪物，讲话太伤人！"

大慧宗杲禅师哈哈一笑道："轻轻一拨扇，性火②又燃烧，如此暴躁气，怎算放得下？"


放下！放下！不是口说放下就能放下，"说时似悟，对境生迷"，习气也不是说改就能改的，"江山易改，习性难除"。奉劝希望学道入僧者，莫因一时之冲动，贻笑他人也。


## 【注释】

①习气：由于吾人之思想及行为（尤以烦恼）经常生起，其熏习于吾人心中之习惯、习性、余习、残气等。如由纳香之箧中取出

香，箧内犹存香气。又作烦恼习、余习、残气。

②性火：谓遍布于一切物质的基本元素之一。与由地、水、火、风所和合而成的"事火"相对。《楞严经》："汝犹不知，如来藏中，性火真空，性空真火，清净本然，周遍法界。"

### 【思考】

1. 试述本文之大意。

2. 试述"说时似悟，对境生迷"的故事或亲身体验。

3. 想一想，自己有哪些习气，如何对治这些习气。

### 【延伸——缁门崇行录】

东晋道恒法师，通达内外诸典，后秦君主姚兴屡劝他还俗，共理国政，但每次都被法师推辞了。最后，姚兴不再相逼，但也没有因此就放过他。于是，道恒法师感慨地说："古人说'益我货者损我神，生我名者杀我身'一点儿都没错啊！"自此，终生隐居山林。

——避宠入山

# 千古楷模

学道容易悟道难，不下功夫总是闲；
能信不行空费力，空谈论说也徒然。

**【公案】**

百丈怀海禅师承继了开创丛林的马祖道一禅师的禅法以后，立下一套极有系统的丛林规矩，人称"百丈清规"①。所谓"马祖创丛林，百丈立清规"，即是此意。

百丈禅师倡导"一日不作，一日不食"的农禅生活，他所住持的丛林就在百丈山绝顶，故号百丈禅师。他每日除了领众修行之外，必定亲执劳役，勤苦工作。对生活中的自食其力极其认真，日常琐碎事务尤其不肯假手他人。

渐渐地，百丈禅师老了，每天仍然随众上山担柴、下田种地，因为农禅生活就是自耕自食的生活。弟子们不忍心让年迈的师父继续做这种粗重的工作，因此，大家恳请他不要随众出坡去劳动服务。

百丈禅师以坚决的口吻说："我无德劳烦他人服务，人生在世，若不亲自劳动，岂不成废人？"

弟子们见阻止不了，只好将禅师所用的扁担、锄头等工具藏起来，不让他工作。

百丈禅师无奈，便以绝食来抗议。

弟子焦急地劝食，百丈禅师却说："既然没有工作，哪能吃饭？"

弟子们没办法，只得将工具还给他，让他随众生活。

百丈禅师"一日不作，一日不食"的禅风，成为丛林千古的楷模。


有人以为，参禅不但要摒绝尘缘，甚至连工作也不必去做，只要打坐就可以了。其实不工作，离开了生活，哪里还有禅呢？

百丈禅师为了拯救禅者的时病，不但服膺"一日不作，一日不食"的农禅生活，甚至认为"搬柴运水，无非是禅"！

不管念佛也好，参禅也好，修行绝不能成为懒惰和逃避弘法利生的借口。

## 【注释】

①百丈清规：禅宗形成初期，禅林尚无制度、仪式，故该清规设有法堂、僧堂、方丈等制度，又规定众僧分别担任东序、寮元、堂主、化主等各种职务，为八九世纪间中国禅宗维持教团生活之必要规范。

## 【思考】

1. 百丈禅师为什么能成为丛林千古楷模？

2. 为什么搬柴运水也是禅？

3. 你对"一日不作，一日不食"有何看法？

## 【延伸——缁门崇行录】

唐朝从谏法师，南阳人，壮年出家，顿悟佛法精微的义理。唐武宗会昌五年，毁天下佛寺，并勒令僧尼还俗，佛法大受摧残排斥，于是大师逃往皇甫枚的温泉别墅隐居。唐宣宗大中初年恢复佛教，于是大师又再回到昔日住的地方。他俗家的儿子从广陵来看他，和他在寺门口相遇，已认不出他了，问说："从谏大德还住在这里吗？"大师明知是自己的儿子，却手指向东南方，他的儿子就往东南方去找。从谏大师于是关起门来不再出去，这样忍痛割爱，不是每个人都能够做得到的啊！

——阖门拒子

# 百年一梦

三十八岁懵然无知，及其有知何异无知；

滔滔汴水隐隐隋堤，师其归矣箭浪东驰。

**【公案】**

金山昙颖禅师是浙江人，俗姓丘，号达观。十三岁皈投到龙兴寺出家，十八岁时游京师，住在李端愿太尉的园宅里。

有一天，太尉问道："人们常说的地狱，毕竟是有或无呢？"

昙颖禅师回答："诸佛如来说法，向无中说有，向有中说无。有无是分别心，如眼见空华，是有是无？太尉现在向有中觅无，向无中觅有，为何不在心内见天堂，何必在口中说地狱？"

太尉不明白："心如何能见天堂？"

昙颖禅师回答："善恶都不要去思量。"

太尉问："善恶都不思量的话，心归何处？"

昙颖禅师道："心归无所住处，如《金刚经》云：应无所住，而生其心<sup>①</sup>。"

太尉又问："人若死时，归于何处？"昙颖禅师回答："未知生，焉知死？"

太尉说："生则我早已知晓。"昙颖禅师就问："请道一句生从何来？"

太尉陷入沉思，昙颖禅师用手直捣其胸说："只在这里思量个什么？"

太尉云："会也，只知贪程<sup>②</sup>，不觉蹉路<sup>③</sup>。"

昙颖禅师云："百年一梦！"太尉于言下契悟。


"生从何来""死往何处"，这是一般人经常思索的问题。佛陀和历代的禅师们早就道出了原委，可是又不易为人了解。生命有隔阴之迷，阴就是指我们的身体。意思是换了身体，就不知过去一切，故千古以来的生命之源，一直众说纷纭，莫衷一是。

其实，生命的形相虽千差万别，但生命的理性则一切平等。佛教所谓缘起性空、三法印、业识因果等义理，假如能通达明白，则"生从何来，死往何处"，就不难知道。参禅，就是明白自己的生命，无所从来，亦无所去；生命顶天立地，本来就是永恒的。

**【注释】**

①应无所住，而生其心：又称无住心、非心。意即不论处于何境，心都不可存有丝毫执着，才能随时任运自在，而如实体悟真理。

②贪程：贪赶路程。

③蹉路：犹失路。

**【思考】**

1. 你认同天堂与地狱只在一念之间吗？为什么？

2. 何谓"应无所住，而生其心"？

3. 试着探讨"生从何来""死往何去"之话题。

**【延伸——缁门崇行录】**

唐朝慧意法师经常将钵里所剩的食物，用来喂养禅房的老鼠。他房内有上百只老鼠都很乖驯，有食物时，它们就会抢着来吃；每看到有患病的老鼠时，法师就会用手安顿抚慰它们。

——惠养群鼠

# 虚空眨眼

佛身充满于法界，普现一切群生前；
随缘赴感靡不周，而常处此菩提座。

## 【公案】

唐朝的肃宗皇帝非常崇信佛法。有一次在宫中举行法会，邀请了很多长老大德到宫廷里诵经做法事。在法会结束后，唐肃宗就向南阳慧忠国师请示佛法上的问题，但是慧忠国师连看都不看他一眼。

肃宗皇帝觉得被慧忠国师藐视了，非常生气地说："我是大唐天子，我跟你说话，你居然都不看我一眼。"

慧忠国师问唐肃宗："请问君王，可曾看到虚空？"

唐肃宗回答："看到。"

慧忠国师进一步再问："虚空可曾对你眨过眼？"

肃宗无言以对。

在我们的生活当中，可以说人人关心的都是人情上的事情。例如，谁对我好，谁对我坏，谁爱我，谁恨我，每日患得患失，不是计较金钱上的有无，就是计较感情上的好坏。

所谓钱关、情关之外，还有恭敬关很难过得了，我们每天要人赞美，要人行礼，要人看我一眼，比之虚空，虚空又何尝要吾人眨眼？法身真理，犹如虚空，竖穷三际，横遍十方，弥纶八极，包括两仪，随缘赴感，靡不周遍。像这许多的道理，唐肃宗一个在世间法里面周转的人，虽是天子，也不容易了解深意，所以难怪南阳慧忠国师要问唐肃宗：虚空可曾对你眨眼？

虚空是真理，虚空是无相，是无所不相。你如果懂得，虚空不但跟你眨眼，虚空还会跟你说话，虚空还跟你天天紧紧地生活在一起；如果没有虚空，我们身心在哪里安顿？虚空没有跟我们眨眼，其实虚空已跟我们生活在一起了。

## 【思考】

1. 慧忠国师问唐肃宗"虚空可曾对你眨过眼"的用意为何？

2. 为何说"虚空"已跟我们紧紧地生活在一起了？

3. 请分享读后心得。

## 【延伸——缁门崇行录】

古人所谓"门庭高峻"的意思，如维摩诘居士示疾，佛陀请诸大阿罗汉去问候，但他们各自表明没资格去问候维摩诘居士，文殊菩萨也说："这位大德很难应付。"像这样就叫"门庭高峻"。后来禅宗诸大祖师，在学人问道参访时，或用棒打，或大声吆喝，或竖一指，或张弓要用箭射人，或垂示一句话，好像木札做的羹，无法吃出味道，又像太阿宝剑不可触摸，又如水中之月难以执捉，如果不是参学久了，功夫深的，不敢登门求教，这样就是所谓的"门庭高峻"。其实祖师平时待人，绝不故作高峻严厉，也不会故意摆高架子使威风，或表现出一副严格威怒的外貌，这是学人打从心底高山仰止，而生起的敬畏心啊！

——门庭高峻

# 生活的层面

休得争强来斗胜，百年浑是戏文场；

顷刻一声锣鼓歇，不知何处是家乡。

**【公案】**

有一天，天刚破晓，一位虔诚的佛教信徒朱友峰居士，兴冲冲地抱着一束鲜花及供果赶到大佛寺，想以花果供佛，并参加寺院的早课。谁知才一踏进大殿，左侧突然跑出一个人，正好与朱友峰撞个满怀，将他捧着的花果撞翻了一地。

朱友峰忍不住斥责说："你看！你这么粗气，将我要供佛的水果鲜花全撞翻了，你得给我一个交代。"

而撞到人的李南山居士，也不满地说："撞都已经撞坏了，顶多说一声对不起就够了，干吗那么生气？"

朱友峰听了火气更大，就说："你这是什么态度？自己错了还怪人？"

正当两人互相大声地指责对方时，广圄禅师正好经过佛殿，就将两人带到一旁，问明原委，并开示道："莽撞的行走固然不应该，但是不肯接受别人的道歉也不对，这些都是愚蠢的行为。人要能坦白承认自己的过失及接受别人的道歉，这才是学佛人应有的态度，这才是一个智者。"

广圄禅师接着又说："我们在这个世间生存，必须协调的事情太多了，例如，在生活上如何与亲族朋友取得协调；在学习上如何与师长同学取得沟通；在经济上如何量入为出；在家庭里如何培养夫妻亲子的感情；在健康上如何使身体健全；在精神上如何选择自己的生活方式，能够如此才不会辜负我们可贵的生命。想想看，只为了一点儿小事，一大早就破坏了一片虔诚的心境，值得吗？"

听了禅师的一番话后，李南山首先开口说："禅师，我错了，我太冒失了。"说着，便转身向朱友峰道歉，"请接受我至诚的道歉，我实在太愚痴了。"

朱友峰也由衷地说："其实我也有不对的地方，不该为了一点儿小事就发脾气，未免太幼稚了！"广圄禅师的一席话，终于感动了这两位争强好斗之人。

禅有时候唱高调，有时候也低调行事，连劝解争执，禅都能派上用场。

**【思考】**

1. 文中提到，生活中必须协调的生活层面有哪些？

2. 承上题，你如何在这些生活层面上取得协调？

3. 生活中，你是否会不承认己过，或不接受他人道歉？试分享。

**【延伸——缁门崇行录】**

佛在世时，有一位比丘到珍珠店乞食。

当时珍珠师刚好在为国王穿珠链，于是就先放下手边的工作，进去取食，可是珍珠没放好，不小心滚到地面，一只鹅刚巧经过，一骨碌把珍珠吞进肚子里。珠师拿食物出来时，立刻发现珍珠不见了，怀疑是比丘偷走了。比丘怕鹅被杀，所以既不承认，也不否认，任由珠师捶打，打到流血了，那只鹅又来舐血，珠师怒气未消，迁怒到鹅的身上，结果把鹅给活活打死了。

这时，比丘不禁悲伤地流下泪来，珠师觉得很奇怪，于是就问："为什么打你的时候你不哭？鹅死了反而哭呢？"比丘就告诉他原委，珠师听了大受感动，向比丘礼拜忏悔。

——忍苦护鹅

# 了无功德

是无是有，非无非有；

是可有是可无，

是本有是本无，

乃禅家本来面目也。

## 【公案】

南朝的梁武帝是历史上最虔诚护持佛法的君王，他在位的时候，曾经广建佛寺，修造桥梁道路，造福百姓，本着佛门的慈悲心肠为国为民。

当时达摩祖师从天竺①来中国弘法，梁武帝一听到印度有位大师来到中土，就非常虔诚地礼请他到朝廷说法。

见了面以后，武帝问达摩祖师说："像我这样为了佛法建造寺庙、印经书、造桥修路，做了这么多的善行，会有什么样的功德？"

达摩祖师回答说："了无功德。"

梁武帝听了非常不高兴，就问为什么，达摩祖师默然不答。

达摩祖师见与梁武帝心意不契，知道弘法的机缘尚未成熟，因此遁入少林寺壁观修行，人称壁观②婆罗门。


真正的福德（功德）与福德性不一样，梁武帝所做的是福德，而福德性则是我们自己的真如自性，这里面有无量恒沙的功德，你做了功德，它没有多一点儿，你没有做功德，它也没有少一点儿，因此"如是功德不以事求"。梁武帝用福德来问达摩祖师，而达摩祖师用福德性来为他解释，所以两个人不相应，难怪达摩祖师会拂袖而去。

事实上，梁武帝的善行，并非无功德，达摩祖师所言的"了无功德"，是说明其善行在禅心里是无相的、妙庄严的功德，不能以一般事相上"有无"对立的观念来计较功德的多少、大小。我们唯有超越"有无"对待的妄执，超越"大小"对待的分别，才能透视诸法"是无是有，非无非有，是可有是可无，是本有是本无"的实相。

这种超越向上，是禅家必经的途径，这种境界才是禅家的本来面目。

## 【注释】

①天竺：印度之古称。《括地志》载："天竺国有东、西、南、北、中央五国，即今五印度也。"

②壁观：指面壁静观之意。亦指一意禅观，身心如墙壁，寂静而不动，一切妄想不能侵入。

## 【思考】

1. 为什么达摩祖师说梁武帝做的种种善行"了无功德"？

2. 你觉得什么才是真正的功德？

3. "功德"二字，让你联想到谁或什么事？

## 【延伸——缁门崇行录】

隋朝灵裕法师，定州钜鹿人，十五岁时到赵郡应觉寺出家。他博通经论，名闻海外，布施时总是以一颗悲悯和尊重的态度施予，赠予袈裟给其他法师超过千件；有病苦来求医疗的，供给医药更是不计其数。只要得到好吃的东西，一定先供养大众；对牲畜亦不呵斥吐唾它们；在指责、询问幼童或告诫弟子时，都称自己的法号，称对方为"仁者"，苦口婆心，诚恳殷切，往往令受教的人感动得流下泪来。

——悲敬行施

# 国师与皇帝

不思善不思恶，

正恁么时，

如何是本来面目。

**【公案】**

清朝的顺治皇帝笃信佛教，也很喜欢亲近禅师问法论道。有一天，他召请玉林国师请示佛法。原来顺治看到《楞严经》里，有所谓的"七处征心①"，他疑惑地想：心在我们的身体里面，怎么会知道外面的事情？若说心在外面，身体里面不就没有心了？心，究竟在哪里呢？

于是顺治皇帝就问玉林国师说："心在七处，还是不在七处？"

玉林国师答："觅心了不可得。"

顺治皇帝再问："悟道的人，还有没有喜怒哀乐？"

玉林国师反问："什么叫作喜怒哀乐？"

顺治皇帝又问："山河大地从妄念生，所谓三界唯心，万法唯识，心一动，才有世间种种现象。果真心中的妄念息了，山河大地还有也无？"

玉林国师答："如人自睡梦中醒来，梦中之事是有是无？"

顺治皇帝最后问："如何用功？"

玉林答："无住②无名。"


顺治皇帝是一位佛法素养很高的君主，从他的《赞僧诗》中便可看出他对佛法非常契合："未曾生我谁是我？生我之时我是谁？长大成人方是我，合眼蒙眬又是谁？不如不来又不去，来时欢喜去时悲。悲欢离合多劳虑，何日清闲谁得知。"

他也非常羡慕出家的生活："黄金白玉非为贵，唯有袈裟披肩难。百年三万六千日，不及僧家半日闲。黄袍换得紫袈裟，只为当年一念差。我本西方一衲子，为何生在帝王家。"

玉林国师则是一位风仪出众的高僧，平时喜静，不爱说话，即使是皇帝问佛法，他也是简明扼要，不愿多言，使人感到禅门一言，不易求也。

**【注释】**

①七处征心：阿难因乞食而遭遇摩登伽女以幻术诱惑，将毁戒体时，佛遥知之，敕文殊持咒往护阿难归来。佛征诘阿难心目所在之处，阿难先后以七处回答之，均为佛所论破。盖欲破除阿难之妄想缘心，使其妄心无所依止，故一一论破，以显此心遍一切处，无在无不在之妙净。

②无住：指无固定之实体；或指心不执着于一定之对象，不失其自由无碍之作用者。又称不住。

**【思考】**

1. 试述"七处征心"的由来。

2. 请分享一则与玉林国师或顺治皇帝有关的故事。

3. 本文哪一句话让你印象最为深刻？为什么？

**【延伸——缁门崇行录】**

宋朝神鼎山洪諲禅师，豫州（今湖北）人，与汾阳太子院善昭禅师齐名。年轻时隐居在南岳衡山，二十年后才当住持；又再二十年后，才开堂说法，这都是机缘成熟的缘故，并不是他自己的意思。

——事皆缘起

# 要坐哪里？

百千灯作一灯光，尽是恒沙妙法王；
是故东坡不敢惜，借君四大作禅床。
石霜夺取裴休笏，三百年来众口夸；
争似苏公留玉带，长和明月共无瑕。

**【公案】**

有一天，佛印了元禅师在金山寺登坛说法，大学士苏东坡听说老友佛印禅师将要说法开示，特地赶来参加。可是等到苏东坡学士来到寺院的时候，座中已经坐满了人众，再也没有空位。佛印禅师看到这种情形，便对苏东坡学士说："人都坐满了，此间已无学士坐处。"

苏东坡向来好禅，一听佛印禅师这么说，他马上以机锋相对，回答佛印禅师说："既然此间无坐处，那么我就以禅师的四大①五蕴②之身为座如何？"

佛印禅师听了微微一笑，知道苏东坡即将与他论禅，于是不急不缓地说："学士！我这里有一个问题请教，如果您回答得出来，那么我老和尚的身体就当您的座位；如果您回答不出来，那么您身上的玉带就要留在本寺，作为永久的纪念。不知学士意下如何？"

苏东坡一向自命不凡，认定自己必胜无疑，尤其在大众面前，更是不能示弱，便答应了佛印禅师。

佛印禅师于是开口问苏东坡："人身是四大本空，五蕴非有，请问学士要坐哪里呢？"

苏东坡闻言为之语塞，无话可答，就这么输了玉带③。

佛印禅师的一句："要坐哪里呢？"问住了苏大学士，因为这是世智辩聪所无法回答的问题。我们的色身是由地、水、火、风等四大所假合而成的，没有一样实在，如何能安坐于此呢？

所以，苏东坡的玉带因此输给了佛印禅师，至今还留存于江苏镇江郊外的金山寺。

**【注释】**

①四大：佛教以地、水、火、风为四大，此乃组成宇宙、人身

的基本元素。

②五蕴：指人或其他众生乃由色蕴、受蕴、想蕴、行蕴、识蕴所和合而成。

③玉带：古时达官贵人所服的以玉为饰的腰带。

**【思考】**

1. 何谓四大？何谓五蕴？

2. 苏东坡为何输了玉带？

3. 请再分享一则与佛印禅师或苏东坡有关的公案。

**【延伸——缁门崇行录】**

元朝高峰原妙禅师，在龙须山修行九年，自己拾柴盖屋，无论冬夏都只穿一件衣服，后来到天目山的西岩石洞中，盖了一间像小船一样的矮房，在木片上写着"死关"两字。小屋上面是滑溜的滴水石，下面是烂泥巴地，风雨飘摇。禅师谢绝所有的供养及侍者，衣服和日用品等也一概拒绝，不洗澡，不剃发，把小口大腹的坛子，切下半截做锅子，几天才吃一餐，仍自得其乐；他住的山洞，没有云梯是无法攀登的，但他自己去梯截断外缘，即使是他的弟子也很难看到他。

像上天悬在九霄云外一般，千万仞高的崖壁里隐居的大德，前有慧熙大师，后有此高峰原妙禅师，他二人实在是超尘绝俗啊！以前我曾登天目山，进入张公洞，俯视千丈高的崖岩的气象万千，顺便也去拜谒"死关"的遗迹，禅师的威仪容颜，历历在目。自叹生得晚，不能亲承教诲，不禁泪下沾襟，久久不能自已！

——独守死关

第四章

# 物我合一

一树春风有两般，南枝向暖北枝寒；

现前一段西来意，一片西飞一片东。

**【公案】**

宋朝诗人苏东坡和秦少游，两人才华都很高，又很自负，经常在一起谈学论道，互不相让。

有一天，苏东坡和秦少游在吃饭时，正好看到桌上有一只虱子。

苏东坡就说："这个地方好脏，竟然有虱子，不知是谁身上的垢秽变成虱子！"

秦少游一听，马上反驳说："虱子哪里是人身上的垢秽变的？它是人身上穿的衣服里的棉絮变的。"两人为此争论不休，最后决定第二天去请教佛印了元禅师，以做公断。

苏东坡求胜心切，先私下找佛印禅师，请他务必"帮忙"，说虱子是人体的垢秽变的。苏东坡走了以后，秦少游也来找佛印禅师，请他说："虱子是衣服里的棉絮生出来的。"

佛印禅师都答应了他们，所以苏东坡和秦少游两人都以为自己稳操胜券。

第二天，当三人见面时，佛印禅师就说："虱子的头是从人体的垢秽中生出来的，虱子的脚是从衣服的棉絮里长出来的。"

禅师做了这么一次巧妙的和事佬，有诗云：

"一树春风有两般，南枝向暖北枝寒；

现前一段西来意①，一片西飞一片东。"


这首诗告诉我们"物我合一"的道理。外在的山河大地，也就是我们内心的山河大地；外在的大千世界，也就是我们心内的世界。物与我之间，没有分别。我们如果把物、我调合起来，就好比一棵树，虽然接受同样的阳光、空气及水分，但是各个树叶有不同的生

102

机，彼此又能无碍地共存于同一棵树。因此，宇宙世间在现象上尽管千差万别，但在禅的本体上，还是一个。

**【注释】**

①西来意：禅林用语。与"佛法的大意"一词共为表示佛法之奥义、禅理之真髓。为禅宗开悟之机语，古来多用于公案中。又作西来祖师意、祖师西来意、祖意。

**【思考】**

1. 佛印禅师如何解决苏东坡和秦少游的问题？

2. 何谓"物我合一"？

3. 请分享阅读后的心得。

**【延伸——缁门崇行录】**

齐朝僧远大师，住持梁州薛寺。有一段时间，喜欢随着世俗人饮酒食荤，行为放荡不拘。有一天忽然梦见天神愤怒地斥责他说："你是一个出家人，却不恪守戒律，何不揽镜看看自己现在的样子。"

次日早晨，僧远大师走到一盆水的旁边，看见自己眼眶四周黑暗，以为是污垢，便举手擦它，眉毛随即掉了下来。于是引咎自责，痛改前非，改穿旧衣破鞋，日中一食，不再吃荤，并且早晚礼拜、忏悔。经过一个多月，梦见天神含笑对他说："知过能改，可说是有智慧的人，今天理当原谅你！"大师惊喜而觉，流汗遍身，面目光亮滑润，眉毛也渐渐长出来。僧远大师亲身受到善恶二报，相信三世因果丝毫不爽，从此之后竭诚奉行佛法，永不退堕，终于成为名僧大德。

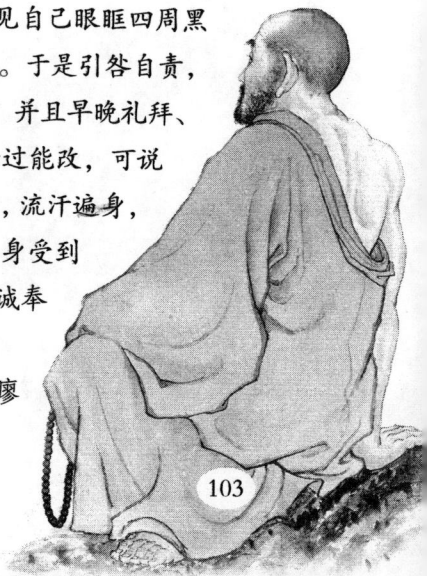

——疠疾获瘳

# 即时转身

山前一片闲田地，叉手叮咛问祖翁；
几度卖来还自买，为怜松竹引清风。

**【公案】**

鼎鼎大名的临济义玄禅师，有一天跟随他的老师黄檗希运禅师到田里工作。黄檗禅师走在前面，临济禅师跟在后面。

路上，黄檗禅师忽然停下回头，发现临济禅师空着手，就问说："你怎么没有把锄头带来呢？"

临济禅师答说："我的锄头不知道被谁拿走了。"

黄檗禅师竖起锄头说："单单'这个'，世上就没有一个人能拿得动！"

临济禅师一听到他这么说，毫不客气地夺过锄头，然后问黄檗禅师说："刚才老师说谁也拿不动，现在不是在我手中吗？"

"手中有的未必有，手中无的未必无，你说今天由谁给我们耕田呢？"

"耕田的由他耕田，收成的由他收成，关我们何事？"

临济禅师这样说了以后，黄檗禅师一句话也没说，转身就回僧院去了。

不久，沩山灵祐禅师把这件事说给仰山慧寂禅师听，并问："锄头在黄檗禅师手中，为什么却被临济禅师夺去？"

仰山禅师答："强取豪夺虽是小人，可是他的智慧在君子之上。"

沩山禅师再问："临济为什么要说耕种和收成不关己事呢？"

仰山禅师反问："难道你还不能超脱对待关系之外吗？"

沩山禅师听了默然，也转身回到自己的僧院。


黄檗禅师和沩山禅师的转身，真是不凡。转身，就是肯定一切。

世人有理话多，无理更是话多。若能在真理面前回头转身，岂不是另有一番世界！

**【思考】**

1. 为什么临济禅师会夺走老师手中的锄头？

2. 你对"手中有的未必有，手中无的未必无"有何想法？

3. 试述"转身，就是肯定一切"的道理。

**【延伸——缁门崇行录】**

唐朝善静法师，长安金城人，南游乐普山，参见元安禅师及其门人，而领悟佛法之心要。后来回到故乡，长安留守王公建造永安禅院，让他住持弘法。他曾经在洗澡时，身上洗出很多的舍利子，他立刻隐藏起来，不让弟子把舍利示人。又曾经在坐禅入定的时候，忽然有白鹤飞来，温驯地在庭院里，好像要听法的样子，善静大师派人把它们赶走。所有这些神奇灵异的事，善静大师都秘而不宣。

古德获神奇灵异的事都不告诉别人，今人没有神奇灵异的事却伪称有其事，用来蛊惑大众而获取名利，这两种心术实有天壤之别

啊！圣贤的人越修行越趋圣贤完善的境界，愚痴的人越修行越走向堕落的深坑，像这样还有什么好奇怪的呢！

——不宣灵异

# 待客之道

昔日赵州少谦光，不出山门迎赵王；

本来面目见上客，大千世界一禅床。

107

## 【公案】

有一天，赵州从谂禅师正在禅床上养息，赵州城的赵王忽然来寺拜访。

赵州禅师请赵王到禅床边相见，然后说："大王，请恕我年纪老迈，身体也不太好，承蒙您专程来访，但是我实在无力下禅床来接待，请您不要见怪！"赵王听了以后，非但不责怪他，反而对赵州从谂禅师更加尊重，两人谈得非常投机。

第二天，赵王又派遣了一位将军，送来好多礼品给禅师。赵州禅师一听到是将军送礼品来，立刻下禅床，披上袈裟，亲自到门外去迎接。事后，弟子们十分不解地问禅师说："前天赵王来时，老师不下床接见，这次他的部下来，您反倒下了禅床，甚至还到门外去迎接。这到底是什么道理呢？"

赵州禅师解释说："我的待客之道，分上、中、下三等。上等客人来时，我睡在禅床上，用本来面目接待；中等客人，我到客堂里以礼相待；第三等客人来时，我就用世俗应酬的礼节，到门外去迎接。"

有人曾经用"茶，泡茶，泡好茶；坐，请坐，请上坐"的话来嘲讽寺院知客僧的势利，其实，这并非势利，而是正常的人情之礼。

世间法，本来就是在平等法中示有差别。从禅心当中来看禅师待客，确实高妙无比。我们是用世间法为人处世，用佛法、禅心去为人处世，还是真、俗二谛融和来处世呢？望有心人细细去参究。

## 【思考】

1.试述本文之大意。

2.简述赵州禅师的待客之道。

3.请分享你的待客之道。

### 【延伸——缁门崇行录】

有一位自称是西域来的沙门，专作焰口施食，洒净时就直接在瓶子里煮沸，然后直接拿着它洒净。听说这水沾到人的脸上不会烫，大家都觉得不可思议，因此请他去施食的人络绎不绝，我认为这不值得宣传。今世上号端公太保的巫术师，尚且能用烧红的铁链缠绕扎束在自己身上，用锋利的刀剑刺入咽喉，何况这沸腾的开水，实在只是小巫见大巫而已。

佛设立焰口施食法，本来是因为饿鬼业力使然，东西到口就化成火炭，所以作甘露水真言等咒语来消灭身心的焦热苦恼，使得清凉，怎么反用沸腾的热水呢？这是哪尊佛所说？哪一部经所记载？这些人用它来迷惑世人，欺蒙百姓，再也没有比这个更怪异的了！

有人说，他能把沸腾的热水化为冷泉。仔细想来，如果这样，那么他应该也能把腐臭的东西化作沉香木和檀木，而不必用香了；化黑暗为光明，而不必用灯了；把瓦砾变成枣子和栗子，而不必用水果了；把小草变成牡丹和芍药，就不必用花了；把泥土变成稻、麦、黍、稷，而不必用饭食了。如今为何香、花、灯、果等一一照办，而单洒净这一项用热的开水呢？明理的人要仔细分辨啊！

——沸汤施食

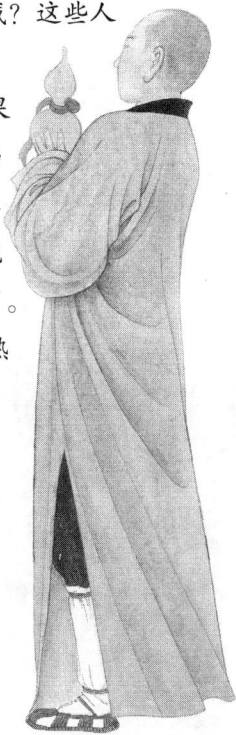

# 公鸡与虫儿

浑身似口挂虚空，不问东西南北风；

一等为他谈般若，滴丁冬丁滴丁冬。

110

## 【公案】

有一个七岁的儿童，很喜欢去找无德禅师，和他天南地北地乱说一通。无德禅师不觉得这样子不好，反而认为这个童子出言不凡，常能从他的话里听出一些禅味。

有一天，无德禅师对他说："老僧每天都忙，没有时间经常跟你辩论。现在我们做最后一次辩论，假如你输了，你就买饼供养我；假如我输了，就由我买饼和你结缘。"

童子听了就说："那请师父先拿出钱来！"

无德禅师答："输的人才要拿钱去买饼，胜的人又不需要出钱。"

"好吧！老师父您请出题吧！"

"假如老僧我是一只大公鸡。"

"我就是小虫儿。"童子说。

无德禅师抓住机会，就说："小虫儿，你应该买饼供养我这只大公鸡！"

童子不认输，争辩说："不，该是师父买饼给我吃才对。因为小虫儿看见大公鸡可以飞走啊！"

禅师于是请众人来评断："大众啊！请你们为老僧和童子判断一下吧，我们之间谁有理？"

由于大众不能判断，无德禅师于是认真而庄严地说："必须是睁眼睛的禅师才能判断。"

过了三天，大家才发现，无德禅师已悄悄地买饼送给了那位七岁的童子。


禅的里面，没有老少、长短、是非、善恶，当然，禅也没有输赢。

无德禅师一开始就想赢，但七岁童子自愿做一个弱者，这表示师徒不可以争论。所以，禅是一个不争论的世界，也是一个规律有序的世界。

【思考】

1. 为什么三天后无德禅师要买饼给童子？

2. 你认为什么是"禅"？

3. 简单说明"禅"的由来。

4. 这则公案给你什么启示？

【延伸——缁门崇行录】

唐朝昙韵法师，高阳人，居止五台山木瓜寺，自己一个人住在瓦窑里。衣服因为时间的关系而破旧不堪，聚满跳蚤和虱子，但他不以

为意，任它们吸血咬啮，希望能够控御身、口、意三业，制伏诸恶。

曾经在结夏安居时，山上土蚤很多，他也不除去，毡被好像凝血织成的，但法师责备自己业障深重，情愿还债消业，绝不吝惜自己的身体，就这样行施四十余年。

不除蚤虱，岂不和苦行外道一样吗？不是的，如以苦行是成道的唯一理由，实在算邪见没错，今日昙韵法师引咎自责，愿以相酬，这和佛陀受"马麦""金枪"的果报来偿宿债的情形是一样的，怎能说是和外道相同呢？

——蚤虱不除

# 不要拂拭

说时似悟，对境生迷；

心境自转，方为正道。

**【公案】**

有位青年脾气非常暴躁、易怒，并且逞强好斗，经常与人打架，所以人见人怕，人见人厌。

有一天，这位青年无意中游荡到大德寺，碰巧听到一休宗纯禅师正在说法，他好奇地走过去听，听后非常感动。

当一休禅师说法结束，这位青年跪在禅师面前痛哭流涕，忏悔往昔全非，发愿重新做人。

他对禅师说："师父，我以后再也不跟人家打架口角，就算是别人把唾沫吐在我脸上，我也默默地忍受，自己把它擦掉。"

这个青年说完发自内心的忏悔后，一休禅师就说："唉！脸上的唾沫何必拭去？让它自己干了就好。"

这位青年听了就说："这怎么可能？我为什么要这样忍耐呢？"

"这没有什么可能不可能，就把它当作蚊虫停在脸上叮了一下，不值得打它，受了人家的唾沫，也不是什么侮辱，你还是以微笑接受好了！"一休说。

"如果对方不是吐沫，而是用拳头打过来，那我们该怎么办呢？"这位青年问。

"一样啊！不要在意，这只不过是一拳而已。"

青年听了以后，认为一休禅师说得太岂有此理，忍耐不住，举拳向一休禅师的头上打去，然后问一休禅师："和尚，现在你觉得怎样？"

一休禅师若无其事，反而非常关切地对青年说："朋友，我的头硬得像石头，没有什么感觉，倒是你的手会不会痛啊？"

青年终于无话可说，被禅师的身教深深感动。

世界上无论什么事，说很容易，做却很难。说不发脾气，但境界一来，克制不了怒火，就忘记了自己的誓言。

禅者用禅心说话，用禅心做事，说到做到，言行一致！

## 【思考】

1. 试述"不要拂拭"背后真正的含义。

2. 什么事让你觉得"说很容易，做却很难"？

3. 你从这则公案中学到什么？

## 【延伸——缁门崇行录】

南朝梁代道超法师，吴郡人，见旻法师学问义解海内无双，心生向往，想要学得和他一样；于是奋发向上，废寝忘食，夜以继日。有一天梦见有人对他说："旻法师在过去毗婆尸佛时已能讲经说法，你刚开始学佛修行，怎能和他相比呢？但是只要自己更加努力用功，不怕不随着自己的根器而有所领悟和成就。"于是道超法师更加用功修行，不久终于洞然明白佛法的真义。

——勤苦发解

# 乞丐与禅

心如大海无边际，广植净莲养身心；

自有一双无事手，为作世间慈悲人。

## 【公案】

云溪桃水是日本有名的禅师，曾经在好几个寺院丛林里住过，是位饱参饱学的禅师。

他所驻锡的寺院，吸引了许多的学僧，可是这些学僧往往不能忍苦耐劳，以致半途而废，使得他非常灰心。于是他向大众辞去教席，劝学僧们解散，各奔前程。此后，桃水禅师的行踪，便再也没有人知道。

三年后，有位门人发现桃水禅师出现在京都的一座桥下，与一些乞丐生活在一起，立即上前恳求桃水禅师给他开示，桃水禅师很不客气地告诉他："你没有资格接受我的指导。"

门人问道："那要怎样才有资格呢？"

桃水禅师说："如果你能像我一样，在桥下生活个三五天，我或许可以教你。"

于是门人也扮成乞丐的模样，与桃水禅师共同度过了第一天的乞丐生活。

第二天，乞丐群中死了一个人，桃水禅师叫门人和他一起把乞丐的尸体搬到山边去埋，两人忙到半夜才回到桥下休息。只见桃水禅师倒头便睡，而门人躺在臭气冲天的乞丐寮里，怎么样也无法安然入眠。

天亮之后，桃水禅师对门人说："今天不必出去乞食了，那位死了的同伴还剩有一些食物，可以拿来吃。"桃水禅师吃得非常香甜可口，可是门人看着脏碗、脏食物，却一口都吞不下去。

桃水禅师这时就说："这里的天堂是你无法享受的，你还是回到你的人间去吧！请不要将我的住处告诉别人，因为住在天堂净土的人，不希望被人打扰。"

在一位真正禅者的眼中，天堂净土在哪里？卑贱的工作里有天堂净土，境随心转里有天堂净土，爱人利物里有天堂净土，化他转境里也有天堂净土。原来，天堂净土是在禅者的心中，不在心外。

【思考】

1. 为什么桃水禅师要辞去教席？

2. 门人为什么最后又离开了禅师？

3. 为什么禅师自认为处于天堂？

4. 如何在卑贱的工作中找到天堂净土？试举例说明。

## 【延伸——缁门崇行录】

我以前一个人在外行脚参访时，经常忍受着饥饿口渴，冒着凛冽或炎热的天气，历尽种种的磨难，现在侥幸有了个小茅棚住，虽然不懂得修行，但懂得惭愧。若有行脚参访的云水僧挂单，我就提供他们所有的需求，自己日常所用的不敢过分奢求，实在曾经是云水在外、居无定所的人，所以特别怜悯外来的客人；曾经贫穷奋斗而创业起家，所以惜土如金。现在的出家人一入佛门，就住在现成的寺院，事事如意，好像是富贵人家，不懂得民间疾苦，纵然才智过人，不须参访，而闭门自大，日渐养成贡高我慢的习气，增长无明，这样损失的也不小啊！

——行脚

# 本来面目

人人自己天真佛，昼夜六时常放光；

剔起眉毛观自得，何劳特地礼西方？

**【公案】**

香严智闲禅师是百丈禅师的弟子，饱学经论，后来参学师兄灵祐禅师。一天，灵祐对他说："听说你一向博学多闻，现在我问你——父母未生我之前的本来面目是什么？"

智闲禅师一时语塞，回到住处，翻遍了书本，也找不到答案，再回来对灵祐说："和尚慈悲，请您开示，什么是父母未生我之前的本来面目？"

沩山灵祐禅师斩钉截铁地说："我不能告诉你，因为我告诉你答案的话，那仍然是我的东西，和你不相干，我告诉了你，你将来会后悔，甚至会埋怨我的。"

智闲禅师一看师兄不指示他，伤心地把所有经典烧毁，从此就到南阳自崖山去看守慧忠国师的坟墓，昼夜六时如哑巴吞含火珠地思考这个疑团。有一天，在田园除草，忽然锄头碰到石头，咯嗒一声，顿然身心脱落，而大彻大悟，于是沐浴焚香，对着沩山遥拜说："和尚您实在太慈悲了，假如当初您告诉了我，我就没有今日的喜悦了！"

清朝的顺治皇帝在《赞僧诗》中说："来时糊涂去时迷，空在人间走这回。未曾生我谁是我？生我之时我是谁？长大成人方是我，合眼蒙眬又是谁？不如不来又不去，来时欢喜去时悲。"生我、不生我，我还是我。

人都欢喜追查自己本来的面目，但在纷扰的声色里，哪里能找到呢？只有到无形无相禅的世界里，才能找到自己的本来面目啊！

**【思考】**

1. 灵祐禅师为什么不直接告诉智闲禅师答案?

2. 试探讨父母未生我之前的本来面目是什么。

3. 为什么说"生我、不生我,我还是我"呢?

**【延伸——缁门崇行录】**

佛在世时,弟子目犍连侍奉母亲极为孝顺;母亲死后,他出家精进修行,后来证得阿罗汉果,获得六神通(天眼、天耳、宿命、神足、他心、漏尽通),看见母亲死后堕于饿鬼道,就盛着饭菜要去给她吃,但饭到了口边就变成火焰,目犍连痛哭着回去,把这件事告诉佛陀。佛陀说:"你母亲生前罪业深重,不是你一个人的力量就可以改变的,一定要借助十方出家众的威德力。你可以在七月十五日佛欢喜日(僧自恣日)为母亲举办盂兰盆斋会,发心供养三宝,才能济拔你的母亲。"

目犍连于是依照佛所教的方法敬设斋会,他的母亲就在那天脱离饿鬼道,而且转增福报,生于天上享受福乐。

因此,盂兰盆胜会,得以流传万世。

生前孝养父母,死后以礼埋葬父母,这是小孝;在生时让父母欢乐,死后能让父母之名流芳于世,这是大孝;在生时能引导父母信佛,死后能超度他们的魂灵,这才是大孝中的大孝,目犍连这样称得起大孝中的大孝了。

——兰盆胜会

# 茶饭禅

粥罢教令洗钵盂，豁然心地自相符；
而今餐饱丛林客，且道其间有悟无。

**【公案】**

唐朝的龙潭崇信禅师跟随天皇道悟禅师出家的最初数年里，每天只是打柴挑水、炊爨作羹，除了工作以外，没有得到天皇禅师一句半语的开示法要<sup>①</sup>。

有一天，他向师父叩头礼拜，说："师父！自成为您的弟子以来，已经好多年了，可是始终不曾得到您的开示，请师父慈悲，传授弟子修道的法要。"

天皇禅师听了立刻就说："你刚才讲的话好冤枉师父啊！自从你跟随我出家以来，我未尝一日不传授你修道的心要<sup>②</sup>。"

"弟子愚痴，不知您传授我什么修道心要？"龙潭禅师不禁讶异地问。

天皇禅师回答："你端茶给我，我为你喝；你捧饭给我，我为你吃；你向我合掌，我就向你点头。我何尝一日懈怠？不都在指示心要给你吗？"

龙潭禅师听了，顿然开悟。


龙潭崇信禅师并不是被天皇禅师这么一说就开悟了，假如没有多年的端茶、煮饭、打柴、挑水，没有具足那许多因缘，是不足以成熟到能领悟禅法。我们从这一则师徒问答之中，就可以了解到禅就是生活。

在禅寺里面，寺僧不但要做很多粗重的工作，甚至于庭园里的如茵绿草，也都是禅者每天亲手将草上枯黄的尖端，一点一点地摘除掉。现今虽然有机器可以锄草，但机器不能锄掉心里的烦恼，心里的烦恼必须要用心去锄，这是心的修持。如何使心由凡转圣？必须要从心的忍耐、心的慈悲、心的净化做起。生活和工作中处处蕴藏着禅机，日常生活里就有禅道。

**【注释】**

①法要：指佛法的要义。

②心要：指心性上精要的法义。《六祖坛经·宣诏品》云："汝若欲知心要，但一切善恶都莫思量，自然得入。"

**【思考】**

1. 天皇禅师告诉崇信禅师修道的心要到底是什么？

2. 何谓佛法？试举例说明如何将它运用在日常生活中。

3. 试分享读后心得。

**【延伸——缁门崇行录】**

唐朝玄奘法师，俗姓陈，是汉朝太丘长陈仲公的后裔。其早年随哥哥"素"（即长捷法师）出家，十一岁就会读诵《维摩诘经》《法华经》；超拔

正直，不附阿时尚、随俗浮沉。有一次看见沙弥在一起谈天游戏，就告诉他们："佛经上不是有讲吗？出家是要修无为法，怎能再玩儿童玩的游戏呢？这样只有白白浪费大好的生命。"有见识的人看到这件事，就知道大师道德器宇不凡啊！

童年就有高尚的品德，这并不是天资独特，而是前世的习性没有忘掉啊！知道这个道理，就可以办来生于今日了！

——幼绝戏掉

124

# 多捡一些

佛国好景绝尘埃，烟雾重重却又开；

若见人我关系处，一花一叶一如来。

125

**【公案】**

鼎州禅师与沙弥①在庭院里经行②，突然刮起一阵风，落下好多树叶。禅师就弯着腰，将落叶一片片捡起来，放在口袋里，一旁的沙弥说："老师，不要捡了，反正明天一大早我们都会打扫的。"

鼎州禅师不以为然："话不能这么说，难道打扫就一定扫得干净吗？我现在捡一片树叶，就会使地上多一分干净啊！"

沙弥不了解鼎州禅师的意思，又说："落叶那么多，您前面捡，后面又再落下，怎么捡得完呢？"

鼎州禅师边捡边说："叶子不光落在地面，我们心上也有落叶。我现在也不光是捡地上的落叶，实是在捡心上的落叶。心地上的落叶，我终有捡完的时候。"

沙弥终于懂得禅者的生活。


佛陀住世的时候，有一位非常愚笨的弟子，叫作周利槃陀伽。每教他一首偈颂，念了后一句，就忘了前一句，念了前一句，又忘了后一句。佛陀不得已，就问他平常会做什么事。他回答：扫地。佛陀就叫他在扫地时念"拂尘扫垢"，因为很简单，他便依言照做。久了之后，有一天他心想：外在的尘垢要用扫把去扫，那么心内有污秽时，又要用什么东西清扫呢？周利槃陀伽这样一想，聪明智慧就豁然开朗了。

鼎州禅师的捡落叶，事实上是在清除心里的妄想烦恼。大地山河有多少落叶，不用去管它，心里的落叶却是捡一片少一片。禅者只要当下安心，即刻就拥有了大千世界的一切。

儒家主张凡事"反求诸己"，禅者要求"随其心净则国土净"，只要自己心里的世界清净了，外面的世界也就清净，这就是禅的功用。

## 【注释】

①沙弥：指佛教僧团中，已受十戒，未受具足戒，年龄在七岁以上，未满二十岁之出家男子。

②经行：在一定的场所中往复回旋之行走。通常在食后、疲倦时，或坐禅昏沉瞌睡时，即起而经行，为一种调剂身心之安静散步。

## 【思考】

1. 为什么鼎州禅师坚持要"多捡一些"？

2. 何谓禅者的生活？

3. 当烦恼或恶念生起时，你如何对治？

## 【延伸——缁门崇行录】

宋朝僧藏法师，看到佛寺就会进去礼拜，遇到大德就作礼；出家或在家人对他礼拜时，他就低头曲背走开。每当劳作时，都把自己当作众人的奴仆，卖力地工作。看到有破旧的脏衣服时会偷偷帮他们清洗或缝补。到了炎热的夜晚，他就把衣服脱掉走进草丛中，让蚊蚋虻蛭等虫子吸咬血液，而且常念阿弥陀佛圣号。

宋朝温陵大师有一句话说："人家辛辛苦苦地工作，他却安安稳稳地坐着进食；人家弯腰屈膝敬礼，他却站在那里受拜。"如果不是已了生死的话，这种罪过可大，可是像藏老这样的人，大概没有问题了！

——卑己苦躬

127

# 一坐四十年

汝今虽是凡夫，但非凡夫；
虽非凡夫，但不坏凡夫法。

**【公案】**

佛窟惟则禅师是唐朝长安人，少年出家后，就在浙江天台山翠屏岩的佛窟庵修行。他用落叶铺盖屋顶，结成草庵，以清水滋润咽喉，每天只在中午时，采摘山中野果充饥，就这样过了许多年。

有一天，一位打柴的樵夫路过庵边，见到佛窟惟则禅师，好奇地上前问道："请问老和尚，您在这里住多久啦？"

佛窟禅师回答："大概有四十个寒暑了。"

樵夫讶异地问道："这四十多年来，就您一个人在此修行吗？"

佛窟禅师点点头："丛林深山，一个人都已嫌多，要那么多人做什么？"

樵夫再问："您难道都没有朋友同伴吗？"

佛窟禅师击掌作声，叫道："出来，出来！"话声刚落，许多虎豹由庵后而来。樵夫大吃一惊，佛窟禅师示意他不必害怕，然后就让虎豹退出去，说道："我的朋友很多，大地山河，树木花草，虫蛇野兽，统统都是我的法侣。"樵夫深受感动，自愿皈依为弟子。

佛窟禅师对樵夫扼要地指示佛法心要："你今虽是凡夫，但非凡夫；你虽非凡夫，但不坏凡夫法。"

樵夫于言下契入，并广为宣传。此后，慕道者纷纷而来，翠屏岩上白云飘空，草木迎人，虎往鹿行，鸟飞虫鸣，成为佛窟学禅派。


佛窟禅师一坐就是四十年，在普通人看来，四十年是漫长的岁月。但证悟是无限时间的，对进入永恒生命的圣者，已融入大化之中的佛窟禅师而言，这只不过一瞬之间而已。在禅者的心中，一瞬间和四十年，并没有什么不同。禅者所悟，是没有时空差距，没有人我分别，没有动静不同，没有生佛观念（众生与佛）。

"虽是凡夫，但非凡夫"，因为人人有佛性，真理之中，绝生佛之假名，哪有凡夫、非凡夫之别？"虽非凡夫，但不坏凡夫法"，禅者悟道，不破坏而另有建立，不坏万法而超越万法，这就是禅的妙处。

【思考】

1. 为什么四十年对禅师而言只是一瞬间？

2. 佛窟禅师对樵夫说了什么？

3. 试分享禅的妙处。

【延伸——缁门崇行录】

五代后唐贞辨法师，中山人，刻苦修学，刺血写经。当时并州不容许外地的僧人居住，大师于是就到野外，隐居在古墓中。

有一天武帝打猎出游，大师刚要去城里讲经，突然看见旌旗人马，赶紧躲进墓穴，但还是被武帝发现了，武帝问他为什么会在这种地方，并勘察他所住的地方，只见一张蒲草编制而成的坐垫和案桌上的笔砚，经典的疏钞罗列分布四周，皇帝于是大为钦佩，请他回宫接受供养。曹太后非常尊重敬仰他。有一天，大师告诉太后："本以学法为重，久住王宫，好像戴着手镣脚梏地关在牢里一样。"武帝于是放他自由。

——不乐王宫

第五章

# 死酬知己

道契平生更有谁，闲卿于我最心知；

当初未欲成相别，恐误同参一首诗。

**【公案】**

双溪布衲禅师和佛日契嵩禅师二人，是真正以禅接心的投契好友。有一天，契嵩禅师戏作了一首诗，送给还活着的布衲禅师，大意是追悼布衲禅师的德风。诗文的前四句是："继祖当吾代，生缘①行可规；终身常在道，识病懒寻医。"

这四句话的意思是：继承您宗风的我，将您在世间的一切生缘行为当作我的规范；您终身都在修道，虽自知有病，但是您不肯再去寻医。

下面四句是："貌古笔难写，情高世莫知；慈云布何处？孤月自相宜。"意思是：您的道貌很难用笔来形容，您的情谊非常高远，世间不易了解；您像慈云般，会飘往何处呢？也许只有和孤月在一起最相宜吧！

布衲禅师收到这首诗后，非常欢喜，也提笔答赠一诗："道契平生更有谁，闲卿于我最心知；当初未欲成相别，恐误同参②一首诗。"意思是：我虽然还没有到离世的时候，不过为了报答您的相知和追悼诗，我只有提早圆寂③。

布衲禅师的诗偈完成后，就投笔坐亡了。


古人有一死酬知己的故事，布衲禅师感念同参道友的相知，又为了维护道友诗文的信誉而入灭，这样生死以之的友谊，实在难得。

契嵩禅师诗中的意思，就是直下承担布衲禅师的传法，虽说是游戏之作，然而真有见地。布衲禅师为了认可，毫不犹豫地入灭，不了解的人还以为布衲禅师是被契嵩禅师逼死的。其实，禅师早就勘破生死，只要传承有人，撒手就走，何等洒脱自在，世间还有什么比这更美的事呢！

**【注释】**

①生缘：谓尘世的缘分。

②同参：指同事一师而共同参禅者。后成为僧侣间一般之称呼。与"同学"同义。亦有互相研究之义。

③圆寂：谓圆满诸德，寂灭诸恶。后世转而称僧徒之死。

**【思考】**

1. 略述契嵩禅师诗偈的内容。

2. 为什么布衲禅师读了契嵩禅师的诗而投笔坐亡？

3. 请分享一则伯乐一知己至交之间情谊的故事。

**【延伸——缁门崇行录】**

唐朝志超法师，同州冯翊人。二十七岁时礼并州开化寺慧赞禅师出家。平时自净其心，端正行宜，勤劳作务，数百位出家众的两餐粥饭，六时无缺。每次遇到全山出坡劳役时，他都以身作则。后来到汾州建光岩寺，日夜辛勤地接引后学。当时朝廷严禁出家人私收徒众，违犯者要受严刑，但大师并不介意，照常为有缘人剃度。当时遁世清散的云水僧，四方云集，依恃他如靠泰山一般。

——身先苦役

# 快乐与痛苦

苦时提起快乐，乐时明白苦相；

人生苦乐相参，应过中道生活。

**【公案】**

荆南白马昙照禅师开示时，总是喜欢对信徒说："快乐呀，快乐呀！人生实在是好快乐。"

有一次他生病了，在生病期间，他却不时地叫着："痛苦啊，痛苦！人生实在是好痛苦。"

住持大和尚听到了以后，就提醒他："一个出家人有病了，老是喊苦啊、苦啊，不好看哪！"

昙照禅师回答："健康时快乐，生病时痛苦，这是当然的事，为什么不能叫苦呢？"

住持和尚就略带责备地问说："我记得有一次，你掉进水里，快要淹死了，你面不改色，一副毫无畏惧、视死如归的模样，你那种豪情到哪里去啦？你平时总爱说快乐啊、快乐，为什么一旦病痛缠身了，反而就说痛苦啊、痛苦呢？"

昙照禅师轻轻地向住持和尚问道："住持大和尚！你刚才说，我以前讲快乐啊、快乐啊！现在都说痛苦啊、痛苦啊！请你告诉我，究竟是讲快乐对呢，还是讲痛苦对呢？"

人生有苦有乐，有时候太苦了，当然要提起内心的快乐，以减轻现实的苦恼；有时候太乐了，也应该明白人生的实相就是苦，不要被欲乐冲昏了头，而乐极生悲。太热烘烘的快乐，会迷失了自己；太冷冰冰的痛苦，会使人生无味；最好的生活是不苦不乐，中道的生活。

不如意时要能忍苦耐苦，随顺安忍，从苦中磨炼心志，等有力量提起了，才能转苦为乐。快乐的时候，应持平常心，勿得意忘形。不苦不乐的中道生活，就是禅者的生活。

**【思考】**

1. 你觉得人生是"苦"还是"乐"？为什么？

2. 遇到痛苦时，你如何转苦为乐？

3. 如何过中道的生活？

**【延伸——缁门崇行录】**

吴县泗洲寺有一位法号叫"性空"的比丘，离开经忏道场，到尧封山闭关，曾寄给我他所写的誓愿文及禀告十方等语，我曾嘉许赞叹他的宏愿。但不久他着了魔，疯癫发狂而死。我甚为哀悼惋惜。追究其原因，是由于初发信心时，有信心而没智慧的缘故啊！

古人心地还没开悟之前，不怕千里路远，参师访道，离开一个丛林，再进入另一个道场，乃至穷遍天下地去参访，不曾休息。等到心地明白后，才到水边林下长保明心见性的功夫。哪能像他这样，好不容易出家修行，才脱离五蕴炽盛如火宅的世俗，便闭入死关。自己的过失在哪里都还不知道，心地的疑惑还没分辨清楚，求进步反而堕落了。还有什么好奇怪的呢？有很多初发心的修行人，在深山搭盖茅舍，独自修道，自以为清高了不起，虽然不一定会着魔发癫，但也失去不少利益，明智的人应该想一想。

——僧性空

138

# 不做自了汉

自从大士传心印，额有圆珠七尺身；

挂锡十年栖蜀水，浮杯今日渡漳滨。

**【公案】**

黄檗希运禅师自幼出家为僧，后来得道开悟，开创黄檗山，是中国禅宗史上一位非常重要的人物。

有一次游天台山时，碰到一位举止非常奇特的同参，两人相约一同到处参学。当他们来到一条小溪前时，正好溪水暴涨，这位同参叫黄檗禅师一起渡河。黄檗禅师道："溪水这么急，能渡过去吗？"

同参没有回答，只是提高裤脚过河。过河时，好像走在平地上一样轻松自如，不但边走边笑，还边回头招呼黄檗："来呀，来呀！"

黄檗禅师见状呵斥道："嘿！你这小乘①自了汉②。早知你有神通，便把你的脚跟砍断。"

同参被他呵斥的语言感动，尊敬赞叹："你真是大乘③法器④。"说着便消失了。


佛教里有大乘、小乘，小乘先重自度，大乘则重度他。就像我们要到其他地方去，小车只能载少数人，大车则能载很多人。这位同参是一位小乘的圣者，见到溪水暴涨，自己渡河过去，却没有帮忙别人，所以佛教里经常批评小乘的圣者，纵然他们得道，也不及初发心的大乘修行者。因为小乘"拔一毛而利天下，吾不为也"的作风，永远不能成佛。自己未度，先能度人，才是菩萨发心。

有些人一入佛门，欢喜闭关，就住到山里。其实，没有先累积很多的福德因缘如何悟道？就算得道了，难道忍心让众生在生死中沉沦？希望参禅的学人能发大乘心，行菩萨道，所谓"道在众生中求"，离开了菩提心，怎么能成就无上佛道呢？

**【注释】**

①小乘：又作声闻乘。指早期佛教的主要流派，注重修行、持戒，以求得"自我解脱"。

②自了汉：指无利他之念，唯图自身之利益者；即抱持独善其身主义者。

③大乘：强调利他，普度一切众生，提倡以"六度"为主的"菩萨行"，如发大心者所乘的大车，故名"大乘"。

④法器：指有修证佛法的根性，能行佛道的人。

**【思考】**

1. 为什么自了汉会赞叹黄檗禅师是大乘法器？

2. 何以说"道在众生中求"？

3. 请分享"自己未度，先能度人"的故事。

**【延伸——缁门崇行录】**

唐朝昙选法师，高阳（今河北）人，住在兴国寺。生性慈善，喜好救济别人，从不积蓄财物。购置了一个大锅，把自己和乞丐们的食物一起放到锅子里熬成浓稀饭，并且亲手替他们盛粥，和他们坐在一起吃，就这样过了很多年。看到容貌消瘦又穿着破烂衣服的人，他就会怜悯地流下泪来，悲伤难过之情无法抑制。

——赡济乞人

# 隐居地方

骑驴过桥，驴失前蹄；
因以顿悟，忽明真谛。

【公案】

无德禅师一向在行脚，一天来到佛光禅师处，佛光禅师对他说："你是一位很有名的禅者，可惜为什么不找一个地方隐居呢？"

无德禅师无可奈何地答："究竟哪里才是我的隐居之处呢？"佛光禅师道："你虽然是一位很好的长老禅师，可是连隐居之处都不知道。"

无德禅师说："我骑了三十年马，不料今天竟被驴子摔下来。"

无德禅师在佛光禅师处住下来。一天，有一学僧问道："离开佛教义学，请禅师帮我抉择一下。"

无德禅师告诉他道："如果是那样的人就可以了。"

学僧刚要礼拜，无德禅师说："你问得很好，你问得很好！"

学僧道："我本想请教禅师，可是……"

无德禅师道："我今天不回答。"

学僧问："干净得一尘不染时又如何呢？"

无德禅师答道："我这个地方不留那种客人。"

学僧问："什么是您禅师的家风？"

无德禅师说："我不告诉你。"

学僧不满地责问说："您为什么不告诉我呢？"

无德禅师也就不客气地答道："这就是我的家风。"

学僧更是认真地责问道："您的家风就是没有一句话吗？"

无德禅师说："打坐！"

学僧更顶撞道："街上的乞丐不都在坐着吗？"

无德禅师拿出一个铜钱给学僧。

学僧终于醒悟。

无德禅师再见佛光禅师，报告说道："当行脚的时候行脚，当隐居的时候隐居，我现在已找到隐居的地方！"

自古以来的禅僧，有的行脚云水，有的陆沉隐居；有的躲藏盛名之累，入山惟恐不深；有的接待十方，等待有缘的传灯之人。究竟怎么做才是禅僧真正的生活行止呢？正如无德禅师所说："当行脚的时候行脚，当隐居的时候隐居。"

**【思考】**

1. 为什么无德禅师找不到自己的隐居处？

2. 试述无德禅师拿一个铜钱给学僧的用意为何。

3. 这篇文章给你什么启示？

**【延伸——缁门崇行录】**

唐朝智晖禅师，住持京兆重云寺时，创建"温室院"供十方僧众洗浴，布施用水及医药。有一位比丘患了麻风症，众人皆厌恶不敢靠近，禅师却照常帮他擦洗身体；洗了不久，突然有一股奇异的光和异常的香味从麻风比丘身上散发出来，大家正感到惊讶时，这位比丘就消失不见了。

佛陀曾经说过："我灭度后，诸比丘要好好供养病人，因为病人之中有很多是圣贤示现（即佛菩萨及声闻等），要来考验你们的啊！"

今智晖禅师遇见这位比丘的情形，和唐朝悟达国师遇见迦诺迦尊者的因缘正好相似。古今类似这种情形的有很多，姑且列出一二则，来劝告那些嫌弃病人的修行者。"

——看疾遇圣

# 慧可安心

立雪求法，断臂安心；

不可觅处，寂灭明白。

145

**【公案】**

西天的佛教第二十八祖达摩祖师，在梁武帝的时候来到中国，是为中国禅宗初祖。因为和梁武帝思想不能相契，因此到河南嵩山少室峰去面壁，在那里一面壁就是九年。这期间，有一位青年叫作慧可，来参拜达摩祖师，请问佛法。

那一天正是寒冷的严冬，大雪飘飘，慧可立在达摩祖师的座前，皑皑积雪已经高过他的膝盖了。达摩祖师还是闭目不语，慧可仍然耐心地等着。又经过了很久，达摩祖师终于睁开眼睛问道："你老是站在这里做什么呢？"

慧可回答道："弟子想来求祖师开示佛法。"

达摩祖师听后就回答说："诸佛求道，为法忘躯，你用怠慢之心怎么可能求得无上的大法①呢？"

慧可一听此话，就用身边的戒刀把一只手臂砍断，再把断臂呈给达摩祖师说："弟子以此诚心乞求祖师开示。"

达摩祖师知道慧可是可造之材，就说："你断臂求道究竟求什么道？"

慧可禅师就回答道："弟子心不安，求祖师为我安心②。"达摩祖师大声喝道："把心拿来，我为你安心。"

慧可一听愕然，说道："弟子找不到心。"

达摩祖师微笑说："我已经为你将心安好了。"慧可禅师至此终于恍然大悟。


我们的烦恼本空，罪业本无自性，如果认识自心寂灭，没有妄想动念之处，就是正觉，就是佛道。如果能保持一颗平实不乱的真心，佛性当下就会显现。如何安心？要自己安心；如何解脱？要自己解脱。没有谁来束缚我们，何必要另外自寻烦恼呢？

**【注释】**

①大法：谓大乘佛法。《妙法莲华经·序品》云："今佛世尊，欲说大法，雨大法雨，吹大法螺，击大法鼓。"

②安心：指对修道之体验或对教法之理解，而将心安住于一处，并达到安定不动之境界。

**【思考】**

1. 慧可大师砍断手臂的用意为何？

2. 达摩祖师最后如何为慧可安心？

3. 当生活或情绪陷入迷惘时，你如何寻求解脱之道？

**【延伸——缁门崇行录】**

晋朝法旷法师，下邳（今江苏省邳州市）人，年幼时父母即双亡，以侍奉继母至孝而名闻远近。后来跟随昙印大师出家。有一年，大师病得很重，法旷法师在七天七夜中，日夜虔诚礼忏，回向给师父。到了第七天，忽然有一道五色光从窗洒入，照耀在昙印大师的寮房；大师觉得好像有人用手拂拭自己的身子，不久病就好了。

——为师礼忏

# 珍惜现在

过去不可追，未来难期遇；
佛说三世法，现在最珍惜。

**【公案】**

日本有一位对佛教影响很大的亲鸾上人，他就是日本净土真宗的开山祖师。

亲鸾九岁的时候，就立下出家的宏愿。有一天，他来到寺院，要求慈圆禅师为他剃度，慈圆禅师说："你还这么年幼，为什么要出家呢？"亲鸾回答："我虽然年纪小，今年才九岁，但父母已双亡，我不知道人为什么一定会死亡，父母为什么非与我分开不可，我想探索这个问题的究竟，了解生死的缘由，所以我想出家。"

慈圆禅师非常嘉许亲鸾的志愿，便答应了亲鸾，又说："可是今天太晚了，等到明天一早再为你剃度吧！"

亲鸾听了，非常不以为然，向慈圆禅师恳求："师父，您虽然慈悲答应明天一早为我剃度，但我年幼无知，没有把握自己出家的决心是否能持续到明天。而且，师父您年事已高，也不能保证明天早上起床时还活着啊！"

慈圆禅师听了，拍手称好，满心欢喜地说："对！你说的话完全正确。我们参禅学道的人，最要紧的就是把握当下这一刻。好！我现在就为你剃度。"

唐朝玄奘大师十二岁出家时，因唐朝出家为僧必须经过考试，当时玄奘年幼，未能录取，因此伤心痛哭，主考官郑善果就问他为什么一定要出家，玄奘答称是为了"光大如来遗教，绍隆菩提佛种"，因有这样宏伟的志愿，才特准了年幼的玄奘出家。这两位圣者一中一日，互相辉映，实为佛教之美谈。

**【思考】**

1. 试述亲鸾上人出家的因缘。

2. 为什么亲鸾上人不能等到第二天再剃度?

3. 请分享一则把握当下或珍惜现在的故事。

**【延伸——缁门崇行录】**

宋朝怀志禅师,年轻时学讲经,因一位禅者的激发,放弃讲经,而四处参学。后来到了曹洞宗道场,聆听真净文禅师开示而有所悟,就跟随真净文禅师参学很长一段时间,当他要离开时,真净文禅师就告诉他:"你的禅学虽然超逸脱俗,但是你度众的因缘不好,勉强度化只会引来毁谤,反而造业。"怀志禅师顶礼拜别,将这些话牢记在心。

到了袁州,州里的人请他住持杨岐寺,因受人阻碍而离去。后来游历湖南湘江一带,州长请他住持上封寺或北禅寺,大师都拒绝了。

他就这样住在衡山的一个茅舍二十几年,他有首偈语说:"万机休罢付痴憨,踪迹时容野鹿参;不脱麻衣拳作枕,几生梦在绿萝庵。"大师晚年就住在龙安寺的"安乐宫",直到圆寂。

显赫闻达,是人人都想追求的,能恪遵师父的遗命而拒绝各方聘请的,实在很难啊!现代的人追求名利,弃礼义而不顾的人很多,人家没有迎请,自己跑去的也很多啊!哪里还记得师父的训示呢?

——谨守遗命

# 点亮心灯

无边风月眼中眼，不尽乾坤灯外灯；

柳暗花明千万户，敲门处处有人应。

## 【公案】

佛光禅师有一次向学僧们讲说一则公案：

古时候，人们大多在纸糊的灯笼里点上蜡烛，当作夜间行走的照明。

有一位盲者，他辞别朋友时，天色已暗，所以朋友就给了他一盏灯笼，可是盲者谢绝了朋友的好意，因为无论明暗，对他都一样。

朋友解释说："虽然你不需要灯笼照路，但是至少可以避免别人撞着你。"因为朋友说得有理，盲者就带着灯笼回家了。

走不多远，仍然被来人撞个正着。盲者向来人呵斥说："难道你看不见我手里的灯笼？"

路人向盲者致歉，并说："老兄，你的灯笼早就熄灭了。"

盲者不甘示弱："是你的心灯灭了，岂关我的蜡烛熄灭呢？"

光照着般若与黑暗的无明，对见性的人而言，都是一样，没有分别。黑暗的烦恼固然苦人，光明的烈日又何尝不炙人？既然如此，何妨运用慈悲方便，提一只灯笼，用我们心里的灯光，照开众生心里的朦胧。

世上芸芸众生，从无始以来，我执深重。生生死死是长夜冥冥，虽然长了两只眼睛，并不见眼前路人，睁着眼睛却不用心，自己心里的灯光熄灭了，这才真正可悲。世人未明佛法大意，到处误解佛法，毁谤佛法，就如明眼人撞了瞎子的灯笼，还怪别人的灯不亮，其实是自己的心灯不明，不识真相。

禅要我们有一种慧心，认清世间，认清自己，才能超越一切。

**【思考】**

1. 盲人回家时，在路上遇到了什么事？

2. 试述本文所要传达的要旨。

3. 试着撰写一篇读后心得。

**【延伸——缁门崇行录】**

南朝梁代僧旻法师，七岁出家，博通诸经，闻名全国，众称"旻法师"。一生营造修建寺庙，装设经像，放生布施，从未曾厌倦停止。

有人问他："和尚您所修的功德不少！可惜没听您办过大斋会，恐怕功德会不圆满。"旻法师说："大斋会很难如法合理，而且需花费很多米、菜、盐、醋、柴、水、汤、炭，践踏、洗涤、烧灼之余，又很容易伤害微虫类的小生物，所以我不办斋会。如果委托王宫或达官贵人办理，那就更难如法了，他们唯求世俗的应酬，失去了斋会真正的意义，因此，干脆就不办了。"

现代人每做一件修福的事，就要办一次斋会，美其名曰圆满；甚至闭关的和尚，关期过了一半，就在闭关中办斋会了，日夜筹划预办斋会的事，连修道的正念，也一股脑儿丢到脑后。哎呀！旻法师的话，真是万世之人值得学习或引以为戒的啊！

——不作斋会

# 最具魅力

说欢喜禅音，行利他禅事；

养慈悲善心，是名真庄严。

154

**【公案】**

有一位女施主家境非常富有,不论是财富、地位、能力、权力甚至美丽,都没有人能够比得上她。可是,她不快乐,每天都是郁郁寡欢,连一个喜欢和她谈话的人也没有。于是,她去请教无德禅师,如何才能具有魅力,以赢得别人的喜爱。

无德禅师告诉她说:"如果你能随时随地和各种人相处、合作,和别人一样有慈悲的胸怀;讲一些禅话,听一些禅音,做一些禅事,用一些禅心,就能成为有魅力的人了。"

女施主接着问:"怎么讲才叫作禅话呢?"

"所谓禅话,就是要说别人欢喜听的话,说真实的话,说谦虚的话,说幽默的话,说利人的话。"

"禅音又是怎么听呢?"

"禅音就是要化一切音声为微妙的音声,把辱骂的音声转为慈悲的音声,把毁谤的音声转为鼓励的音声,对哭闹声、粗声、丑声,你都能不介意,那就是禅音。"

"禅事该怎么去做呢?"

"禅事就是布施的事、慈善的事、服务的事,合乎佛法,有益于社会、国家、人间的事,就是禅事。"

"禅心又是怎样用的呢?"

"禅心就是你我一如的心,圣凡一致的心,包容一切的心,普利一切的心。"

女施主此后一改富家骄气,不再夸耀自己的财富,也不再自恃美丽,更不再盛气凌人,待人总是谦恭有礼,体恤关怀。很快地,大家都喜欢她、亲近她、赞美她,她成为最具有魅力的女施主。

禅，不是理论，而是生活。有了禅心、禅事、禅音、禅话，那真是法力无边，自他欢喜，所到之处，大家都乐意亲近。有了禅，在人人尊，在处处贵。有禅的人生，前途是无往不利的。

## 【思考】

1. 略述最具魅力的条件有哪些。

2. 何谓禅话、禅音、禅事、禅心？

3. 为何说禅不是理论，而是生活？

## 【延伸——缁门崇行录】

唐朝子邻法师，父亲姓范。母亲王氏不信三宝，刚开始不让子邻法师出家，于是法师自行到东都的广爱寺依止庆修律师出家。有一天忽然怀念双亲，返回俗家探亲，这时他的父亲已失明，母亲也逝世三年。于是他到东岳大帝庙，铺设坐具，诵《法华经》，发誓要见到岳帝，求问母亲死后往生何处。

那一天晚上，法师梦见岳帝告诉他："您母亲死后堕入地狱，现在正在受苦。"子邻法师悲恸恳请岳帝告诉他免除母难的方法。岳帝说："您可以到鄮山阿育王寺礼拜佛陀舍利塔，或许可以拯救她。"于是他就到鄮山育王塔，哀泣礼拜，拜到四万拜时，忽然听到有人在呼唤他，抬头仰望空中看见母亲正向他道谢："承蒙你礼拜佛陀舍利塔的功德，我得以往生忉利天！"说完之后，就消失不见了。

目犍连孝心感动佛陀，教他于七月十五日佛欢喜日供僧救母；子邻法师孝心感动神，教他礼塔救母。至孝通于神明，岂能不信？

——礼塔救母

# 心中有佛

禅心如佛，视人亦如佛；

人心如粪，视人亦如粪。

## 【公案】

宋朝大文学家苏东坡，和金山寺的佛印了元禅师是方外之交，两人经常在一起谈经论道，打坐参禅。

有一天，苏东坡和佛印禅师两个人一起打坐，一炷香下来，苏东坡觉得身心通畅，于是问佛印禅师说："禅师，你看我坐在这里的样子像什么？"

佛印禅师回答："好庄严，像一尊佛。"

苏东坡听了非常高兴。

过了一会儿，佛印禅师也问苏东坡说："学士，你看我坐在这里像什么？"

苏东坡存心戏弄，马上就说："像一堆牛粪！"

没想到佛印禅师听了也很高兴。

苏东坡大乐，逢人就提这件事，还取笑佛印禅师的憨愚。

消息传到他妹妹苏小妹的耳中，妹妹就问："哥哥！你究竟是怎么赢了禅师的？"苏东坡眉飞色舞，得意扬扬地说了一遍。苏小妹聪明伶俐，她听了苏东坡的话之后，叹了一口气，说："哥哥呀！你已经输了。"苏东坡不解。

苏小妹正色说："哥哥，你要知道，禅师的心中是佛，所以他看你就像尊佛；你心中是牛粪，所以你看禅师才会像牛粪。"

苏东坡一听，哑然不知所对，这才知道论禅他实在是不及佛印禅师。

禅，不是知识，是觉悟；禅，不是巧辩，是灵慧。禅师们或者机锋锐利，或者沉默不语，又甚至不通过语言文字，但是在扬眉瞬目、举止动念之间，都能给人很大的启发，传达振聋发聩的法音。

**【思考】**

1. 为什么苏东坡会输给佛印禅师？

2. 试述你对"禅"的看法。

3. 请分享一则最令你印象深刻的禅门公案。

**【延伸——缁门崇行录】**

南朝刘宋竺道生大师，讲论《涅槃经》时说没有善根的人最后都可以成佛，旧学派的法师认为是邪说，纷纷排斥他。道生大师发誓说："若我所说的不合经义，愿今生就受恶报；若我所说切实契合佛心本意，愿临命终时，能坐在师子座上！"

于是到吴郡虎丘山，竖立石头作为徒弟。讲到《涅槃经》阐提有佛性处，就问："我这样说，契合佛心吗？"众石皆点头。不久，《大般涅槃经》就传到南京，果然讲阐提有佛性。后来大师在庐山精舍讲说《涅槃经》，结束后众人忽然发现他手中的拂尘落在地上，端坐而圆寂了。

圣人的言论，有文辞不足但意义圆满通融的，《涅槃经》论阐提有佛性就是一个例子，又何必等到《大般涅槃经》来到呢？通达的人道理融会贯通，迂腐的人固执文句，又不只是阐提佛性这一件事而已。而生公正见不摇，坚如金石，死不违誓，照耀古今，唉呀，真不容易啊！

——誓师子座

# 畸 形

趋利求名空自忙，名利二字陷人坑；
急须返照娘生面，一片灵心是觉皇。

**【公案】**

日本明治时代，有一位信徒到寺院里来求助维室默仙禅师，说他的太太非常悭吝贪婪，从来都不肯布施、做善事，恳求禅师帮忙指点教化。

信徒热诚地将默仙禅师亲自迎请到家中，只见这位信徒的太太虽然也出来迎接，与禅师谈话，可是双方聊了很久，她却连一杯茶水都舍不得倒。默仙禅师明白这位女主人确实悭贪，于是就握着一个拳头对她说："夫人，请看我这只手，如果我天天紧紧地握拳，您觉得如何呢？"

夫人回答说："如果手天天都这个样子，这是畸形！"

默仙禅师接着把手张开，继续问说："那么，假如我的手天天都伸直而不弯曲呢？"

夫人回答说："这同样也是畸形啊！"

默仙禅师听了，点头称许说："一点儿也不错，这都是畸形。对钱只知道贪取，不知道布施，是畸形；只懂得给人，不知道储蓄，这也是畸形。钱财要流通，大家才能共同创造幸福的生活。"

这位夫人在默仙禅师巧妙的比喻下，对为人处世和用财之道终有所悟。


世间有人过分贪财，有人过分施舍，这些都不合佛教的中道之义。悭贪的人应知喜舍结缘，才是发财的方法，不播种，哪里有收成？布施的人要在不自苦、不自恼的情形下布施，假如生活艰难，还拿钱财去帮助别人，不顾家庭生计，这也是不净之施。

## 【思考】

1. 试述本文之大意。

2. 禅师如何教化信徒的妻子?

3. 为什么说喜舍结缘是发财之道?

## 【延伸——缁门崇行录】

唐朝道宣律师,俗姓钱。初跟师父听戒律一遍,就想四处行脚参学,他师父呵斥说:"登高必自卑,行远必自迩,修行哪有那么容易,你以为戒律听一遍就够了吗?学佛不入心,任你走遍天涯海角,参遍高僧大德,还是不会开悟的。"于是,一部《四分律》他整整听了十遍。后来道宣律师终生持戒严密,世所稀有。

有一天中夜,律师走在西明寺行道上,碰到石阶而跌倒,突然有穿战甲的天神扶着他,因此问他是何神。神回答说:"我是西方广目天王之子哪吒。因为大师戒律德行高超,所以一直护卫着您。"道宣律师于是请问他佛在世时的一些事情,哪吒逐条回答律师的问题;并以佛牙、宝掌相赠以表征信。道宣律师久居终南,弘扬戒律,故号"南山教主",皇上追封为"澄照律师"。

戒律不是很玄奥的义理,宣公也不是钝根器的人,为何要他听十遍呢?因为戒是修道的根本,为的是要深入肌髓,浸渍日久而坚固不忘。今受戒者,受完之后,就将戒本束之高阁,尚不能了解其粗略的含义,更不用说是师父讲十遍,弟子听十遍了,我因此知道宣公的师父不是普通人,而其门下出大贤,也是其来有自啊!

——天神护体

162

第六章

# 追问到底

禅门问答，深不可测；

快如电光，不假分别。

**【公案】**

洞山良价禅师与初首座①会面之时，初首座说："也大奇！也大奇！佛界、道界不可思议啊！"

洞山禅师听到就问："佛界、道界是否不可思议，这我先不去问，我只问刚刚说佛界、道界的，究竟是什么人？"

初首座沉默了半天，答不出话来。

于是洞山禅师急切地追问："你为什么不赶快说呢？"

初首座回答："你不要那么急躁！急也没有用。"

洞山禅师："你连个回答都没有，叫我怎能不急躁呢？"

初首座还是不回答。

洞山禅师就说："不论佛界、道界，都只不过是个名词而已，你为什么不引经据典来说呢？"

初首座反问说："那么，经典中是怎么说的？"

洞山良价禅师说："经典中有所谓的'四依止'②，其中有'依义不依语③'的话。意思是，只要把握住意义，就不需要在语言上分别了。"

初首座不以为然地说："老是引经据典，这也是一种毛病啊！"

洞山良价反问："你只会谈论佛界、道界的不思议，像这样消极无能，不敢直下承担，这毛病难道就不大吗？"

初首座再一次哑口无言。

第二天，有人发现初首座圆寂了。由于初首座的突然死亡，当时的禅门都称洞山为"问死初首座的良价禅师"。

初首座的突然死亡，与洞山良价禅师的不断追问是否有关系，这很难下定论。不过，禅门的回答，如石火电光，快得不容起分别，

"只要一眨眼，母鸡变成鸭"。佛界、道界不容论深浅，在所谓深浅之外、里外之外，还有这个分别也无？

禅者初见面，大多会提出各种问题，彼此较量机锋，直逼得山重水复疑无路。如果禅机深厚，自然就柳暗花明又一村。抛却言语思辨，追问到底，就能显现禅的真实世界。

**【注释】**

①初首座：指居一座之首位而为众僧之表仪者。又作上座、首众。

②四依止：指依法不依人、依了义不依不了义、依义不依语、依智不依识。

③依义不依语：谓修道者当以中道第一义为依，不可以文字、语言为依。

**【思考】**

1. 为什么初首座迟迟不回答洞山禅师的问题？

2. 你认为洞山禅师是问死初首座的人吗？为什么？

3. 为什么禅门的问答如石火电光？

**【延伸——缁门崇行录】**

隋朝智舜法师，赵州大陆人。潜心于修观的法门，当妄念生起无法遏制时，就刺大腿刺到流血；或者抱着石头绕塔，时时鞭策自己，一刻也不敢懈怠放逸，大腿上斑纹剥落好像锦鸟一般。

——刺股制心

# 知易行难

诸恶莫作行众善，自净其意谓佛教；

三岁孩儿能道得，八十老翁行不得。

**【公案】**

唐朝有一位道林禅师，不住在寺庙里，反而住在树上，学鸟雀做了一个窝，后来就有人称呼他"鸟窠禅师"。

有一天，诗人白居易去拜访这位鸟窠道林禅师，他一看到禅师摇摇欲坠地坐在树枝上，就说："禅师，您住在树上，实在太危险了！"

鸟窠禅师回答说："太守，你的处境才非常危险！"

白居易听了以后，非常不以为然。他说："下官是当朝的官员，我会有什么危险呢？"

鸟窠禅师说："薪火相交，纵性不停，怎能说不危险呢？"意思是说，功名富贵场中，钩心斗角，浮沉不定，危险就在眼前。

白居易听了以后有一些领悟，不过他转了一个话题，问鸟窠禅师说："什么是佛法的大意？"

鸟窠禅师就答："诸恶莫作，众善奉行。"

白居易以为鸟窠禅师会有什么高深的道理开示，没想到只是这么简单的两句话，就很失望地说："诸恶莫作，众善奉行，这连三岁的儿童也知道啊！"

鸟窠禅师说："三岁孩儿能道得，八十老翁行不得。"

"诸恶莫作，众善奉行"这首《七佛通戒偈》看起来虽很平常，但是有多少人能够做得到？如果我们每个人都不作恶，还能积极地去行善，人间哪里还有邪恶？社会哪里不充满爱心和乐呢？所谓"千里路程从当下一步开始"！白居易听了鸟窠禅师的话以后，终于改变了他的观念。

脚踏实地去做，就是禅的宗要。

【思考】

1. 你觉得鸟窠禅师和白居易谁的处境比较危险？为什么？

2. 为什么《七佛通戒偈》三岁孩儿能道得，八十老翁行不得？

3. 试举生活中"知易行难"的亲身体验或实例。

4. 请撰写一篇读后心得。

【延伸——缁门崇行录】

宋朝汴京（即今河南开封）善本禅师，姓董，是汉朝经学大师董仲舒的后代，遍览群书，依止圆照宗本禅师剃度出家。

宋哲宗时，住持法云寺，赐号大通禅师。平日作息，端正严肃，目不斜视，领众三十年，从未随便谈笑。凡是所到之处，见有佛菩萨立像，绝不敢坐下；蔬菜水果以鱼肉为名的，就不吃。大师防心离过失的功夫，就是这般严谨。

宋徽宗大观三年十二月甲子日，善本禅师突然对左右从人说："我只剩三天了。"三日后，果然就示寂了。

——防心离过

# 八风吹不动

横看成岭侧成峰，远近高低各不同；
不识庐山真面目，只缘身在此山中。

171

**【公案】**

宋朝的大学士苏东坡曾在江北瓜州这个地方做官，他和江南金山寺的佛印了元禅师非常要好，尽管有长江相隔，这一僧一俗仍然常相往还。

有一次，苏东坡自觉修持很有进步，作了一首诗词，就命书童坐船送到江南给佛印禅师印证。

诗的内容是："稽首①天中天②，毫光照大千；八风吹不动，端坐紫金莲。"大意是说：我现在拜佛，顶礼天中之天、圣中之圣的释迦牟尼佛，觉得佛光普照到我，现在已经不再被"八风"所影响了。

所谓八风，是指生活中遇到的八种境界，即称、讥、毁、誉、利、衰、苦、乐。

书童把这一首诗送交佛印，佛印看了以后，一句话也没有说，只是在上面写了两个字，就叫书童原信带回。

东坡原指望佛印禅师大大的称赞，急忙自书童手上取回诗文。一看，只见佛印在文上批了"放屁"二字，当下大怒，即命书童备船，过河找佛印理论。

船快到金山寺时，远远看见佛印禅师早在江边等候。东坡一见禅师就气呼呼地说："你我是至交道友，我的诗、我的修行，你不赞赏也罢，怎可骂人呢？"

禅师若无其事地说："骂你什么呀？"

苏东坡把诗上批的"放屁"二字拿给禅师看。

禅师哈哈大笑说："哦？你不是说自己已经'八风吹不动'了吗？怎么这会儿'一屁打过江'来了呢？"苏东坡恍然大悟，十分惭愧。

修行、参禅、学道都不是口上说的，真正的实践才是功夫。所谓"说道一丈，不如行道一尺"；说得天花乱坠，不如真正做到几分。所以，禅不是在卖弄口舌，有没有功夫、禅心，在行家的面前丝毫是瞒不了人的。

## 【注释】

①稽首：我国《周礼》所载之九拜中，稽首为最恭敬之行礼法。佛教之稽首，弯背曲躬，头面着地，以两掌伸向被礼拜者之双足。所谓接足作礼、头面礼足、五体投地等即指此而言。

②天中天：谓诸天中之最胜者。又作天人中尊、天中王。为佛尊号之一。

## 【思考】

1. 试述本文之大意。

2. 何谓"八风"？

3. 略述"讲时似悟，对境生迷"的经验。

## 【延伸——缁门崇行录】

宋朝宏觉禅师训诫徒众说："你们既然出了家，就好像囚犯从牢狱释放出来一样，因此，要少欲知足，不要贪图世俗的虚荣；凡事都要懂得忍耐，修习真如寂照的无为法。今日你们能听闻佛法，实在是难遭难遇，就是九死一生也不可抛弃啊！"

——少欲知足

# 无道心

至道无难，唯嫌拣择；

但莫憎爱，洞然明了。

**【公案】**

日本有一位名叫文道的云水僧，因久仰慧薰禅师的道风，便跋山涉水，不远千里地来到慧薰禅师所居的洞窟前，跪着说："末学文道，素仰禅师高风，专程来亲近随侍，请和尚慈悲开示！"

慧薰禅师说："我居住在洞窟里，一事无求，不过大地的一切都在我的心中，你跟随我恐怕不能跟我相应。"

文道再三恳求说："不管禅师怎样待我，我都依教奉行。"

慧薰禅师就说："天色已经晚了，好吧，你就先在我这洞窟里住一宿吧。"

第二天早晨，文道醒来时，慧薰禅师不但已经做过早课，并且也将粥煮好了。由于平日只有慧薰禅师一人住在洞中，从来也没有人来找过他，所以等到要用餐的时候，一时找不到多余的碗来给文道使用，慧薰禅师就随手在洞外拿了一个死人的头盖骨当作碗，盛粥给文道。

文道一看，踌躇得不知如何是好，心想，如果把这个骷髅头接过来，用它盛粥吃，实在恶心；不接过来，又恐怕得罪慧薰禅师。

正当这样犹豫的时候，慧薰禅师就说了："你毫无道心，不是真正为法而来，你以净秽和憎爱的妄情来处世接物，你跟随我又如何能得道呢？"

说到净秽、得失、是非、善恶，这是我们从分别心上所认识的世界。真正的道，是不思善、不思恶，不在净、不在秽。所以真正的修道者，要灭除净秽、是非、得失、善恶，要超越对待法，住在一个无对待的无住生心里。像文道这种憎爱的心，当然会被慧薰禅师

喝为无道心了。所以禅道不是嘴上说的，要真正从心上去体会才行。

## 【思考】

1. 文道禅师为什么会被喝为无道心？

2. 你认为修道者须具备哪些条件及人格特质？

3. 请分享一则为法忘躯的故事。

4. 本文给你哪些启发？

## 【延伸——缁门崇行录】

唐朝智岩法师，江苏曲阿人，智勇过人，身材魁梧。年轻时当虎贲中郎将，常将滤水囊挂在弓首上。四十岁时到浣公山，从宝月禅师出家。

以前他在军队的同事睦州刺史严撰、衢州刺史张绰等人，听说他出家了，就专程去拜访他，看他一个人住在深山里，就说："莫非你发疯了！怎么会住在这种地方呢？"

智严法师说："我就要清醒了，倒是你们还不知道醒来。"后来大师前往长恶疮疥或麻风病人住的石头城疠人区，除了讲经说法之外，还为他们吸脓水，洗涤脏的疮口和衣物，照顾得无微不至。唐高宗永徽年中，就在疠人区圆寂，死后面貌容色都没改变，周遭散发着特殊的香味，十几天才消失。

——躬处疠坊

# 诗偈论道

东坡居士太饶舌，声色关中欲透身；
溪若是声山是色，无山无水好愁人。

## 【公案】

宋朝文豪苏东坡对于禅的修持很有心得，他有几首诗说得很好，把禅的境界分成三阶段。

第一个阶段，是没有参禅之前的境界：

> 庐山烟雨浙江潮，未到千般恨不消；
>
> 及至到来无一事，庐山烟雨浙江潮。

真正参禅的时候，他又有另一番境界：

> 横看成岭侧成峰，远近高低各不同；
>
> 不识庐山真面目，只缘身在此山中。

到了开悟以后，他又做了一首诗：

> 溪声尽是广长舌，山色无非清净身；
>
> 夜来八万四千偈，他日如何举似人？

最后这首诗，气势尤其磅礴，非常惊人。

有一天，圆智证悟禅师去看此庵景元禅师，两人夜里闲谈，证悟禅师就举苏东坡的诗，说这是不易到达的境界。

此庵景元不以为然，认为这种说法还没有看到路径，哪里能说到了目的地呢？

证悟禅师说："溪声尽是广长舌，山色无非清净身。假如不是已到了那种境界，如何有这个消息？如何能见道？"

景元禅师说，这只是门外汉而已。证悟禅师就要求景元禅师为他点破。

景元禅师说："且从这里用心参，或许可以知道本命元辰①落在何处。"

证悟听了以后，茫然一片，整夜深思，无法入睡。不知不觉天亮了，忽闻钟声，恍然大悟，去其疑云。他说：

> 东坡居士太饶舌，声色关中欲透身；
>
> 溪若是声山是色，无山无水好愁人。

他拿此偈语奔告景元禅师，景元说："早跟你说是门外汉嘛！"

禅不是用语言能说的，也不是用文字能写的，更不是用心能思想的；禅，完全是透过"悟"才能体认的。证悟禅师一夜深思，那钟声终于撞开混沌的心扉，他和苏东坡的境界就不同了。禅不是知识，是靠自己实证体悟的。

## 【注释】

①本命元辰：禅林用语。本命，指人出生年之干支；值其干支之星，称本命星。元辰，谓人之命运受阴、阳二星所左右，而以阳八阴六配合卜算。故本命、元辰皆为支配人命运之星。禅宗则将之比喻为自己之本性。

## 【思考】

1. 苏东坡对禅的领悟分成哪三个阶段？

2. 试分析苏东坡与证悟禅师的诗境有何不同。

3. 请分享你最喜欢的一首诗偈。

## 【延伸——缁门崇行录】

隋朝灵裕法师见北周武帝灭教，如丧考妣，悲伤得不能自已，从此就穿着粗麻布制成的丧服，头和腰都系上麻带。晚上带领同伴谈论佛理，白天读世俗的书籍，如此隐藏形迹，一心等待佛法复兴。

——法灭缰经

179

# 要眼珠

心眼妙道观万有，普遍一如无分别；

识知本来真面目，成佛做祖不为难。

**【公案】**

有一天，云岩昙晟禅师在僧堂里编织草鞋，洞山良价禅师正好从他身旁经过，说："老师，我可以跟您要一样东西吗？"

"你说说看！"

洞山不客气地说："我想要老师的眼珠。"

"为什么要我的眼珠呢？你不是自己有吗？"

"我没有眼珠！"

"假如你有眼珠，你要如何安置它呢？"云岩禅师淡淡地笑着问。

洞山良价禅师无言以对。

云岩禅师这才严肃地说："我想你要的，应该不是我的眼珠，而是你自己的眼珠吧！"

洞山良价禅师忽然改变口气说："事实上我要的不是眼珠。"

云岩禅师大喝："前后矛盾，不知所云。你给我滚出去！"

洞山禅师诚恳地说："出去可以。只是我没有眼珠，看不清前途。"

云岩禅师指着自己的心，说："这不早就给你了吗？还说什么看不到？"

洞山禅师终于言下大悟。

洞山禅师要的不是"肉眼"的眼珠，云岩禅师因此提示他"心眼"的妙道，就是一切要用心眼去看，懂得心眼，洞山禅师才有所契悟。

肉眼只能观看世间万象的长短方圆、青红赤白，但这种观看只是表面的、生灭的、现象的，而心眼才能观察宇宙万有的本体，这种观察是普遍的，里外如一的。

洞山虽有肉眼，仍然看不清前途的道路，此道路即自己本来的面目，成佛做祖的目标，当云岩告诉他心眼的妙用后，洞山就有所醒悟了。

## 【思考】

1. 为什么洞山禅师会说自己没有眼珠呢？

2. 试比较"肉眼"和"心眼"之差异。

3. 请分享阅读后的心得。

## 【延伸——缁门崇行录】

隋朝普安法师，京兆泾阳人。北周武帝建昌三年灭佛教，令僧尼还俗。于是，普安法师隐居到终南山的楩梓谷，勤修苦行，不把身体形骸放在心上，有时裸着身子躺在草丛中，让蚊虫吸咬；

有时躺在杂乱的尸体群中，想布施自己的身体给虎豹吃。当时政府公告重赏，如有捉到一个出家人，赏赐丝绸十段。

有一个人想要捉拿法师去领赏，普安法师欣然地安慰他说："我看你日子过得贫苦煎迫，正想帮助你，现在我先弄些食物给你吃，吃饱了再和你一道入京城。"

到了京城，皇帝看了却说："我国目前国法严厉，不许民间有出家人；你更加严厉了，不许出家人住到山里去，那么要叫他们住到哪里去呢？"于是放了普安法师。

——济贫诣官

# 从心流出

从门入者，不是家珍；

从心流出，才是本性。

## 【公案】

有一天，雪峰义存禅师和岩头全豁禅师一同行脚到湖南的鳌山，忽然遇到了下大雪，无法继续再向前行，只好等雪停了再走。这期间，岩头整天不是闲散着，便是睡觉，而雪峰总是坐禅。雪峰忍不住责备岩头不该只管睡觉，岩头则责备他不该每天只管坐禅，雪峰就指着自己的胸口说："我这里还不够稳定，怎么敢自欺欺人呢？"

岩头禅师听了相当惊奇，两眼一直注视着雪峰禅师，等着他再说下去。

过了一会儿，雪峰禅师终于说："实在说，自参禅以来，我一直心有未安啊！"

岩头禅师觉得机缘已经成熟，就慈悲地指导他："果真如此，你把所见的一一告诉我。对的，我为你印证；不对的，我替你破除！"

雪峰禅师就把自己修行的经过说了一遍，岩头禅师听了雪峰禅师的话之后，便大喝："你没有听说过吗，从门入者不是家珍。"

雪峰禅师不解地问："我以后该怎么办呢？"

岩头禅师放低声音说："假如你宣扬大教的话，一切言行，必须都要从自己胸中流出，要能顶天立地而行。"

雪峰禅师闻言，当下彻悟。

世间的知识，甚至科学，都是从外界现象上去了解的，而佛法则是从内心本体上去证悟的。雪峰久久不悟，是因为外境的森罗万象，还没有在心上获得统一平等。"从门入者不是家珍"，要能"从心流出，才是本性"。这就是不要在枝末上钻研，要从大体上立根！

【思考】

1.为何雪峰禅师的心会不安呢？

2.何谓"从门入者不是家珍"？

3.为什么说佛法是从内心去体悟的?

【延伸——缁门崇行录】

南朝法云法师，阳羡（今江苏宜兴）人，七岁出家，长得英俊清秀，才华出众，礼庄严寺宝亮法师为师。曾在妙音寺讲《法华经》和《维摩诘经》，很多学人从四方聚集来听。法云法师性至孝，服侍父母很殷勤；母亲逝世时，因悲伤过度而极度瘦弱，一连好几天饭食不咽。

旻法师听到了这个消息，就前往劝谏："圣人制定礼节规矩，贤能的人要压低理想去迁就合礼，不贤能的人就要勉强追上，儒家尚且有哀伤不得致命的规定，何况佛说报父母之恩，小则和颜悦色躬亲奉养，大则启发菩提，导其心识得以解脱，你应该从长远的一方面去着想，使其得以超度，怎能像一般世俗浅见之辈一样，整天沉溺在悲伤的情绪中，忘了上弘下化的家务？"法云法师听了这些话后才抑制哀伤，勉强吃点儿稀饭。

——居丧不食

# 大小不二

须弥藏芥子，芥子纳须弥；

若理事无碍，即圆融诸法。

**【公案】**

唐朝的江州刺史李渤，年轻得志，意气风发。有一次，他向归宗智常禅师求教，他认为佛法里常听到的两句话"须弥藏芥子，芥子纳须弥"，不仅玄奇，而且也不合乎逻辑，因为须弥山容纳得下一粒芥菜子，这句话说得过去，但是小小的芥菜子，怎么能把一座须弥山藏下去呢？这是骗人的吧？

归宗禅师闻言失笑，他反问李渤："人家说你读书破万卷，下笔如有神，可有这回事？"

"当然！当然！我读书岂止破万卷，我读的书还在万卷之上呢！"李渤一派得意扬扬的样子。

归宗禅师接着又问："那么请问，你所读的万卷书如今何在？"

李渤指着自己的脑袋说："万卷书都读到我的头脑里面来了。"

禅师就说了："奇怪，我看你的脑袋也不过像一个凤梨、像一个椰子那么大小，怎么可能装得下万卷书呢？莫非你也是骗人的？"

李渤听了以后，脑中轰然一声，当下深有醒悟。


佛法，有时从事上去讲说，有时则从理上去解释，要知宇宙万有，事上有理，理中有事；事不可废理，理不可无事，事理要圆融。

"须弥藏芥子"是事，"芥子纳须弥"是理，如果我们能明白理事无碍，那么就能把宇宙的本体和现象融合在一起，把人我融合在一起。本体与现象是平等的，人我也是平等的，无是无非，岂不是一个逍遥自在的境界吗？

**【思考】**

1. 何谓"须弥藏芥子，芥子纳须弥"？

2. "事"与"理"要如何融会贯通？请举例说明。

3. 试述"大小不二"的含义。

**【延伸——缁门崇行录】**

宋朝高庵禅师住持云居寺时，每回听到寺里有出家人生病，被迁移到如意寮，就心忧如焚，好像是自己生病一样。早晚嘘寒问暖，还亲自煎煮药食，确定没有毒性或副作用，才安心拿给病人服用。有时天气稍冷了，他就关心地问："衣服穿得够不够？"天气热了，就问："会不会太热？"若有病人往生了，不分职位高下，一律按照常住礼数津贴送终。

《梵网经》说八种福田，其中照顾病人为福田中第一大福田，岂不以出家人没有固定的家，独自游化五湖四海，即所谓一钵千家饭，孤身万里游，一旦患病痛苦，实在值得同情悲悯！当僧众中住持的人，如有出家人生病，不去照顾他，圆寂了，不办理他的丧事，岂是慈悲为怀的出家人所应有的态度？凡是当住持的人，应效法高庵禅师的德行和作风。

——看病如己

# 敬钟如佛

一年春尽一年春，野草山花几度新；

天晓不因钟鼓动，月明非为夜行人。

189

## 【公案】

晨钟暮鼓是佛教里最美妙的声音。钟就是寺院里的号令，清晨的钟声是先急后缓，警醒大众，长夜已过，不可以放逸沉睡。而夜晚的钟声则是先缓后急，提醒大众，要觉昏衢、疏昏昧，所以丛林的一天作息，是始于钟声，也止于钟声。

有一天，旃崖奕堂禅师从禅定中起来时，刚好传来阵阵悠扬的钟声；禅师特别专注地竖起心耳聆听，待钟声一停，忍不住召唤侍者，询问说："今天早晨司钟的人是谁？"

侍者回答："是一个新来参学的沙弥。"

奕堂禅师要侍者将这沙弥叫来，问说："今天早晨，你是以什么样的心情在司钟呢？"

沙弥回答："没有什么特别的心情，只是为了打钟而打钟而已。"

奕堂禅师说："不见得吧？你在打钟时，心里一定有念着些什么，因为我今天听到的钟声，非常高贵响亮，那是正心诚意的人才敲得出来的音声。"

沙弥想了想，然后说："报告禅师，我尚未出来参学时，家师告诫我，打钟时应该要想着钟即是佛，必须虔诚斋戒，敬钟如佛，以入定的禅心和礼佛之心来司钟。"

奕堂禅师听了非常满意，再提醒说："你往后处理事务时也不可以忘记，都要保有今天早上司钟的禅心。"

这位沙弥从童年起，就养成恭敬的习惯，不但是司钟，连做任何事都谨记着师父和奕堂禅师的开示，保持着司钟的禅心，他就是后来的森田悟由禅师。

奕堂禅师不但识人，而且从钟声里也能听出一个人的品德，这也由于他自己是有禅心的人。谚云："有志没志，就看烧火扫地。""从小一看，到老一半。"森田虽小，连司钟时都晓得"敬钟如佛"，因为有这样的禅心，难怪长大以后，成为一位杰出的禅者。所以凡事带有几分禅心，何事不成？

**【思考】**

1. 佛门的"钟"有哪些用途？

2. 试述清晨和夜晚的钟声有什么不同的意义。

3. 心存恭敬，就是打钟的声音也能听出不同。你在日常生活中可有过类似经验？

**【延伸——缁门崇行录】**

元朝法闻法师，七岁出家。后从广温大师学《法华》《般若》《唯识》《因明》及《四分律》。温大师告诉法闻法师要担起弘扬佛法的重任，将希望都寄托在法师身上。法闻法师在佛像前烧灼肌肤，燃炙手指，刺血写经，以表明对佛法的尊崇。于是隐居于五台山，六年不出门，五千卷的大藏经，读了三遍。后来开始弘法济世，名声传遍全国，连当时的皇帝都慕名前来请法。国师惊叹说："汉地也有这么高明的僧人啊！"

不久安西王请他在义善寺讲经，皇帝听到了他的德名，召见他到皇宫，命他住到大原教寺，赐予银章一品的头衔；很多求戒的人从他受戒。元仁宗延祐四年三月二十日端坐与世长辞。

——重法隐山

191

# 把门关好

自家本性无限宝藏，胜过世间有限财宝。

**【公案】**

有一个小偷，悄悄溜进了一座寺院，想偷东西。但是，他翻箱倒柜地搜寻了一阵子，都找不到值钱的东西好偷。正准备离去时，睡在床上的无相禅师忽然开口叫住了他："喂！这位朋友，既然要走，请顺便帮我把门关好！"

小偷先是一愣，随即说："原来你这么懒，连门都还要别人来帮你关，难怪这个寺里一点儿值钱的东西都没有。"

无相禅师听了小偷的嘲笑，慢条斯理地说："你这样说就太过分了，难道你要我老人家，每天辛辛苦苦地赚钱买东西来给你偷吗？"

其实，禅师不是没有东西，禅师所拥有的，是小偷都偷不去的无尽宝藏。世间的人只知聚敛，所谓："人为财死，心为物累。"当拥有多到用不完的东西之后，只会增加挂念，增加负担；一旦东西多了、钱多了，小偷也不放过你，不如拥有自家本性的无限智慧、无限宝藏，这是没有人能偷得去的。

白天太阳普照着大地，太阳是没有人偷得去的；夜晚月亮供众生欣赏，月亮也没有人偷得去，同样，人心的宝藏也是没有人偷得去的，但是很少有人知道这是我们的宝藏，所以心才会一味地向外求，每天汲汲于功名富贵。

不能感受到自己拥有全宇宙的人，都是贫穷的。

禅就是一切，禅就是生活，禅就是宇宙。宇宙在哪里？就在我们的方寸之间。禅在哪里？就在我们的心里，就在宇宙一切处！

**【思考】**

1. 略述你对"人为财死，心为物累"的体会。

2. 你认为什么是别人偷不去的宝藏？

3. 为何说不能感受到自己拥有全宇宙的人都是贫穷的？

## 【延伸——缁门崇行录】

唐朝玄琬律师，弘农华阴人。贞观初年，唐太宗因律师的戒律德行，朝野都瞻仰，请他为皇太子和诸王授菩萨戒。

律师写信给太子说："现在简略地列出佛经要点四项，希望您用心奉持。一是'行慈'，要依照《大般涅槃经·梵行品》所述，摄受教养百姓，并救济穷苦。二是'减杀'，皇太子的东宫平日用膳，宰杀烹煮很多牲畜；殿下所需要的食物，要动用很多人力去营办采购，以至牲畜丧命的原因，无不是由您而起，请减少杀生，来求长寿。三是'顺气'，所谓不杀生就是'仁'，仁在人体代表肝，肝在五行属木，木在春阳之时茂生，殿下是太子，位在四象中的少阳（东宫称少阳），

福居春月。所以请您在春季禁杀断肉食，以顺阳和之气。

四是'奉斋'，就是每年正、五、九三个月，及每月六斋日（即每月八、十四、十五、二十三、二十九、三十日）持斋。

为什么要这样呢？因为您今天享有的福报，都靠您过去累积的功德所得来的，如果您今生能继续累积福德，那么未来的福报就更大了。"

皇太子回答："承蒙大师训示妙法，我会谨慎牢记在心，时时信受奉持，永远用这四个座右铭警惕做事，俾能得到鬼神与诸佛保佑。"

——感悟东宫

第七章

# 放下！放下！

修行容易遇师难，不遇明师总是闲；

自作聪明空费力，盲修瞎练也徒然。

197

## 【公案】

有一名登山者，辛苦地跋山涉水，途中经过了很多悬崖峭壁，结果一不小心从悬崖失足跌下。幸好他一手攀住了山腰上的一棵小树，才没有掉进万丈深渊里。在这种生死存亡的关头，他不禁大声地呼叫："佛祖啊！佛祖啊！赶快救救我啊！"

就在这个时候，悬崖上忽然出现一个人对他说："我就是佛祖，我很想救你，不过就怕你不肯合作，不愿意听我的话。"

登山者连忙说："只要佛祖肯救我，不管您说什么，我当然都听您的！"

佛祖于是指示他说："现在，请你把手放开。"

登山者大吃一惊，说："放手？那我岂不跌入万丈深渊，粉身碎骨？"

登山者惊恐万分，更加用力地抓紧树枝，不肯松手。

佛祖无奈地说："你不放手，那我怎么救你呢？"


想要明心见性，就得依从佛法的指示，若是一味地执着，又怎么能脱离身陷世间五欲的危境呢？许多人总是放不下与自己有关的种种，诸如家庭、妻子、儿女、事业、财富等，其实，这一切都是会无常变化的。尤其当大限来时，什么都带不走，执着也没有用。

这些心上的重担如果放不下的话，人生自然就很辛苦。然而，放下不等于是放弃，放下是以佛法去重新认识这个世间，了知世事终归不免于无常变迁，那么即使身处在五欲洪流中，也不会被欲望束缚，或是被名利枷锁。能放下，就能找到身心的安稳处，随心自在。

【思考】

1. 试述本文之大意。

2. 略述"放下"的真正含义及利益。

3. 试举例说明执着的苦患。

## 【延伸——缁门崇行录】

晋朝佛图澄大师，因后赵王石勒好杀，于是前往求见。石勒问他："佛教有何灵验之事？"

大师知道石勒不达深理，必须先显现神通让他心悦诚服，于是取钵盛水，焚香念咒。不久，钵中就生出青莲花，石勒于是信服。

佛图澄大师就趁势进谏："身为一国之君，如果能力行仁政，德泽布于四海，则会出现神龙、瑞凤、麒麟、灵龟四种灵物，表示国运吉祥昌隆；若为政不仁，横行无道，天上就会出现彗星、孛星等妖星，表示天下灾乱将起，国运不祥。星象既然明显示现，吉凶福祸随即而行，这是古往今来所常有的象征，也是天人明哲真诚的告诫。"

石勒听了非常高兴，很多即将被诛杀的人，因此而得免于死。

奇怪的是，魏晋南北朝特别多高僧大德，这些贤圣不在太平之世出现而在乱世，为什么呢？实在是因为世运危厄，时局艰苦，民穷物质缺乏，正需要大悲菩萨救苦救难。这不就是所谓"药因救病出金瓶"吗？

——规谏杀戮

# 没时间老

其为人也，发愤忘食，
乐以忘忧，不知老之将至。

**【公案】**

佛光禅师门下有一位名叫大智的弟子，出外参学二十年后归来，向佛光禅师报告参学的种种见闻与学习。最后，大智问候老师说："二十年来，您老人家过得还好吧？"

佛光禅师回说："很好，很好。每天讲学、说法、著作、写经，畅游法海，也如你周游各地一般，觉得很快乐！"大智辞别老师，回到寮房休息。

第二天清晨天还没亮，大智还在睡梦中，就听到佛光禅师房里传来阵阵诵经的木鱼声。白天里，只见佛光禅师总是耐心地与一批批的学生和信徒说法开示，一回到禅堂就忙着批改学僧的心得报告，或是翻阅经书、拟定信徒教材，从早到晚未曾休息。

大智终于找到一个空当，向佛光禅师问说："老师，分别了二十年，您老人家每天都是这样忙碌吗？您已经上了年纪，不该这样辛苦。难道您从不觉得老了吗？"

佛光禅师听后就说："我实在没有时间觉得自己老啊！"

"没时间老"这句话，一直盘旋在大智的耳际。


有的人很年轻就觉得自己老了，这是因为他心力不济，心力衰退；也有的人年事已高，但因心力旺盛，仍感到精神饱满，老当益壮。

"没时间老"其实就是心中没有老的观念，也就是孔子所说："发愤忘食，乐以忘忧，不知老之将至。"禅者的人生观，也是如此。

曾有人问一位白发苍苍的老翁："您高寿？"老翁答说："四岁。"大家很惊讶，老翁说过去的七十年来，都是为自己而自私自利地活着，毫无意义，直到这四年来，因为参禅学佛，为人服务，才懂得人生的意义，因此才说自己活了四岁，而且忙得没有时间老。

**【思考】**

1. 这则公案主要是想告诉我们什么？
2. 你会觉得没时间老吗？为什么？
3. 请分享一则没时间老的故事。
4. 略述你的人生观。

**【延伸——缁门崇行录】**

"今生持戒修福的出家人，如果心地未明，愿力轻微，又不求生净土，这种人来生多感富贵的果报，也多为富贵所迷，甚至也有造恶而堕入恶道的。"有一位老和尚摇手不相信我这些话。我说："不必谈论隔世，我亲眼看见一位出家人在北峰山北面搭茅棚，艰苦精进修行十年，后来善男信女知道了，非常仰慕崇拜，替他盖了一间庵室，把

他迁迎到那里，日子久了，他就沉溺在名闻利养中。之前所修的一点儿道行也全丧尽了。现世就这样明显了，何况来生呢？"老和尚问我说的这位出家人是谁，我说："就是老兄您啊！"老和尚听了默然无语。

——来生（一）

# 一袭衲衣

一袭衲衣一张皮，四锭元宝四个蹄；

若非老僧定力深，几与汝家做马儿。

**【公案】**

无果禅师一心参禅，在山谷中幽居二十多年，都是由一对母女供应衣食。

由于他一直没能明心见性，深怕信徒的布施难消，于是想出山寻师访道，探究生从何来、死去何处。

那对护法的母女听说禅师要出远门，要求他多留几天，以便做一件衲衣①相送。

母女两人回家以后，马上就着手剪裁衣服，每缝一针，就念一句阿弥陀佛的圣号。衣服缝制完毕，又包了四锭马蹄银送给无果禅师做路费。无果禅师接受了母女二人的好意，准备第二天动身下山。

当天夜里，无果禅师正在坐禅养息的时候，忽然有一位手执旗子的青衣童子，身后还有许多人吹鼓奏乐而来，其中还有人扛了一朵很大的莲花请禅师登座，禅师恐怕这是魔境，所以不予理会。

青衣童子再三劝请，无果禅师都不动心，他随手拿了一把引磬插在莲花台上，童子与诸人只好鼓吹而去。

第二天一早，禅师正要动身，母女二人手中拿了一把引磬前来询问："这把引磬不是禅师您的东西吗？昨夜我家的母马生了个死胎，死胎上就插着这把引磬。您的东西怎么会从马腹中生出来呢？"

无果禅师一听，大惊失色，就说了一首偈语：

> 一袭衲衣一张皮，四锭元宝四个蹄；
> 若非老僧定力深，几与汝家做马儿。

说罢，将衣服、银子还给母女二人，一别而去。

佛教的因果业缘，实在是不可思议的真理，即使悟道，若无修证，生死轮回，仍难免除，观夫无果禅师，可不慎哉？

## 【注释】

①衲衣：指僧衣。古人以世人所弃之朽坏破碎衣片修补缝缀而成之法衣，又作粪扫衣、五衲衣、百衲衣等。

## 【思考】

1. 禅师收下衲衣及元宝之后，发生了什么事？

2. 这则公案主要是想告诉我们什么？

## 【延伸——缁门崇行录】

出家人有看见富贵显达而心生美慕，希望能和他们一样的；也有看见富贵显达而心生厌恶，好像很不屑的。其实，这两种人都不对，为什么呢？因为你只知道美慕他们，而不知道他们前生就是像你这样苦行修福的出家人啊！那又何必美慕；你只知道厌恶他们， 而 不知道你的苦行果报，来生也会像他们一样是个有名位的官人啊！那又何必厌恶呢？既然都未脱离生死，互相交换，好像打井水的轮子，互相上下交替，想到这样生死不休，能不令人寒心吗？所以应该努力勇猛精进修行，不要浪费光阴，俾能超越世俗、出离世尘，哪里还有闲工夫去美慕或厌恶鄙视别人呢？

——来生（二）

# 平常心

饥来食时困来眠，热取凉风寒向火；
只这平常心是道，一无造作无是非。

**【公案】**

龙牙居遁禅师由于参禅很久，为求大彻大悟、明心见性，于是诚诚恳恳地到终南山翠微无学禅师处参禅。可是一住多月，均未蒙翠微禅师召见开示。

有一天，他直接走进法堂问说："学僧来到禅师的座下参学，已经好几个月，为何禅师不开示一法？"

翠微禅师听了以后，反问他："嫌什么？"

居遁禅师因不得要领，只好告别翠微禅师，前往德山亲近宣鉴禅师。居遁在德山一住，又是好几个月，同样不得要领。

有一天，他鼓起勇气问宣鉴禅师："学人早就心仪德山的禅风，但是我来到这里已好多时日，却得不到禅师的一句佛法。"

宣鉴禅师听了以后，也回答："嫌什么？"

这两位宗师所答不谋而合，居遁禅师还是不得要领，不得已，又转往洞山良价禅师处参学。

有一天，居遁禅师问洞山良价禅师："佛法紧要处，乞师一言！"

洞山良价禅师就直截了当地告诉他："等洞水逆流的时候再向你说。"意思是说，我们的无明烦恼像水流着，若是想要觉悟，必须逆生死之流，不能像一般随世俗之见，顺水而流。

龙牙居遁禅师听了这一句话，终于大彻大悟。


我们有时候用疑心参禅，有时候用体会参禅，有时候用问道参禅，其实终不及用平常心参禅。吾人在世间生活，其实都在颠倒矛盾妄想之中，所谓随生死之流而不息也。如能明白洞水逆流，那就是平常心显现，千疑万问，终不及一颗平常心耳。所谓禅就是平常心了。

**【思考】**

1. 为什么龙牙居遁禅师无法开悟？

2. 试以一则故事说明"平常心"的重要。

3. 请提供三个远离颠倒妄想的方法。

**【延伸——缁门崇行录】**

浙江绍兴一带参禅安居，每天晚上做饭吃，名叫"放参饭"，风气相传，吃起来一次比一次奢侈丰富，比午餐更多菜肴，这种沿习下来的坏风气已经很久了。往昔有一位年老而有名望的前辈，听到隔壁房间的出家人午后做饭不禁流泪，悲叹佛法日渐衰败没落。

戒律上说人间钵碗作声，饿鬼咽喉自然起火。何况夜深人静，动了砧、几、盘、盂，音响传入耳根，又煎、煮、烹、炮，香味传入鼻识，忘了对众生要慈悲，恣纵口腹之欲望，这样于心能安吗？或者你会问："半夜肚子饿了，怎么办？"那就吃些果核饼干之类，不必动用

锅子的食物来充饥就可以了。何况持午的人，午后到隔日天亮，除了喝水，不吃其他东西，我们晚上还有视作药石（指佛门之晚餐，食之以疗饥渴之意）的食物充饥，难道还不知足吗？

——放参饭

# 大千为床

天为罗帐地为毡，日月星辰伴我眠；
夜间不敢长伸足，恐怕踏破海底天。

**【公案】**

有一次，苏东坡写信告诉佛印了元禅师："我要到金山寺来，请不必迎接我，您就以'赵州禅师迎接赵王'的方式来接待我好了。"

这个典故是：唐朝时，赵王走访赵州禅师，禅师睡在床上没有起身，赵王不得已就到床边来看他。禅师对赵王说："我年纪老了，身体不太好，没能起来迎接您。"赵王一点儿都不介意，回府后命属下准备了许多礼品，送给赵州禅师。当赵王的属下抵达时，赵州禅师却赶紧披了袈裟，礼仪端正地到门外迎接。弟子门徒都对禅师的举动感到疑惑，赵州禅师这才解释说："接待上等的客人，我是用本来面目，睡在床上接待他；中等的客人，我在客堂里以礼相待；下等的客人，则亲自到门外去迎接他。"

苏东坡自以为了解禅的妙趣，所以要佛印禅师以最上乘的礼来迎接——不迎而迎，没想到，佛印禅师却到金山寺的大门外等候接待。苏东坡就趁机取笑："佛印禅师，你的道行终究不及赵州禅师的高远和洒脱，我叫你不要来接我，你还是不免俗套跑了大老远的路来迎接我。"苏东坡心想，佛印禅师这回必定落居下风了。

然而，佛印禅师只是微笑说了一首诗偈：

"赵州当日少谦光，不出山门迎赵王；

怎似金山无量相，大千世界一禅床。"

意思是，赵州不下床去接见赵王，那是赵州禅师不谦虚，而不是境界高；我佛印到门外来迎接您，您以为我真的起床了吗？要知道大千世界都是我的禅床，虽然您肉眼看见我来到山门外迎接你，事实上我仍然睡在大千世界的禅床上如如不动。

佛印禅师因心中有禅，所以拥有了世界，拥有了虚空，所用的床自是尽虚空、遍法界，三千大千世界都是他的禅床，所以说"大千世界一禅床"。

## 【思考】

1.佛印禅师出门迎接苏东坡的用意为何？

2.请分享你的待客之道。

3.试撰写一篇读后心得。

## 【延伸——缁门崇行录】

梁朝慧开法师，吴郡海盐人，曾经跟随智藏、僧旻两位法师学经论，后来以讲经闻名当世。豫章太守谢譓迎请法师讲经，供养了他很多钱，但还没回到寺里，就把钱全部布施了。

晋安太守刘业供养他一万钱，不到一天，全都布施给贫穷的人。法师的个性开朗随和，不注重外表；衣服脏了，也不会刻意去洗它。

唉！说法而不受供养，才是真正的法布施，如果每个出家人都能像开公一样，那该有多好啊！

——受施随散

# 人的声气

盘圭佛心本自具足，待人声气真诚无伪。

212

**【公案】**

有一学僧请示盘圭禅师道："我有一个天生的毛病——气短心急，曾受师父指责，我也知道知错要改，但因心急已成为习气，始终没有办法纠正。请问禅师，您有什么办法帮我改正习气呢？"

盘圭禅师非常认真地答道："你心急的习气，如果能拿出来，我帮你改正。"

学僧道："现在不会心急，有时会忽然跑出来。"

盘圭微微一笑道："那么，你的心急，时有时无，不是习性，更不是天性；是你触境而生的，本来没有，因境而生。若说是父母生给你的，你就太不孝了；父母生给你的，只有佛心，其他没有。"

盘圭禅师一生接待学人，不说佛法，不说禅法，只是要求其人自身应具有的佛心和高贵的道德。

后来，盘圭禅师圆寂后，一位住在寺院旁的盲人对参禅的学僧说道："我虽是瞎子，看不到对方的面孔，但能从对方说话的音声判断他的性格。通常，我可以在一个人对幸福者或成功者的祝福语中，听出他的嫉妒声气，也可从他对不幸者或失败者所发出的安慰语中，探出他的得意和满足声气，仿佛他可以从那些慰祝之言中得到许多的利益似的。但是，在我所有的体会中，盘圭禅师对人说话的声气始终是真诚无伪。每当他向人宣示快慰之情时，我只听到快慰的声气；而当他向人一吐愁肠时，我只听到愁苦的声气。那种声气，完全是从他的佛心流露出来的，那佛心，就是他父母生的。"

学僧听后，一面否认盲者的话，一面赞美盘圭禅师："我们老师的佛心，不是父母生的，那是他本有的。"

把一切好的都归之于父母生的，这会失去自己的本性；把一切坏的都归之于父母生的，这也会被说成不孝。好与坏，是习性，不是本性，既非与生俱来，也非父母所生。假设有人问："佛陀是谁生的？"答以："佛陀是摩耶夫人生的。"此话错也，悉达多太子是摩耶夫人生的，而佛陀则是从般若生也，所谓"般若为三世诸佛之母"，即此义也。

【思考】

1. 为什么说盘圭禅师一生接待学人，不说佛法，也不说禅法？

2. 试分析自己有哪些好的或不好的习气。

3. 如何转烦恼为菩提？试举例说明。

【延伸——缁门崇行录】

唐朝昙荣禅师，春夏之季讲授经论，秋冬参禅静坐。

因有刺史曾送他舍利三粒，禅师认为舍利之德，变化莫测，若虔诚祈求可得总量。于是带领大众在佛前彻夜祈求，至天明总获舍利四百余粒。

贞观七年，昙荣禅师至法住寺行方等忏法。当时法住寺有一位持戒严谨的僧定法师，入定时看见七佛现身，其中有一佛对着昙荣禅师说："我是释迦牟尼佛，因你身心戒行清净，所以来为你授记。你后来当成佛，号为'普宁佛'。"

那年冬天，昙荣禅师圆寂，异常香味袅绕四周，久久不散。

——忏感授记

214

# 宜默不宜喧

大智修行始是禅，禅门宜默不宜喧；

万般巧说争如实，输却云门总不言。

## 【公案】

灵树院是云门文偃禅师驻锡的道场，每年总在四月十六日至七月十五日举行"夏安居<sup>①</sup>"，集合佛门弟子安居一处精进修道。

五代时，由于后汉君主信佛虔诚，有一年特别礼请云门禅师和寺内僧众到皇宫内院来举行夏安居。

诸位法师在宫内接受宫女们的礼敬问法，可说是川流不息、热闹非凡，后汉君主虔诚重法，每天的禅修讲座必定参与。僧众几乎个个都喜欢和太监、宫女们说法，唯有云门禅师一人，不管任何时刻，他都静坐在一旁参禅打坐，宫女们看了也都不敢来亲近、请示。

有一位值殿的官员，他经常看到无人向云门禅师请法，就亲自向云门禅师请示法要，可是云门禅师还是静静地不发一词，值殿官员不但不以为忤，反而对禅师更加尊敬，于是在皇宫内院的碧玉殿前贴了一首诗：

"大智修行始是禅，禅门宜默不宜喧；

万般巧说争如实，输却云门总不言。"

所谓"沉默是金""一默一声雷"。禅门的高僧，一向如闲云野鹤，或居山林，或住水边，三衣一钵，随缘生活，随处而安，任性逍遥，到处是道。

即使法缘殊胜，这许多禅师到了王宫府邸，亦不为名动，不为利诱，不为权惑。如云门禅师者，虽然是一句话不说，实则有如雷轰顶之开示；在一默里，说尽了佛法。

吾人能在沉默里体会出千言万语，就可以说已经透到一点儿禅的消息了。

有用的话只要一言，甚至无言；没有用的话，千言万语又有什么用？

## 【注释】

①夏安居：又作雨安居。印度夏季雨期长达三个月，此期间僧尼聚居一处坐禅参修，禁止外出，以免踏杀草木小虫。

## 【思考】

1. 试述"夏安居"的缘起和意义。

2. 为什么官员请法时，云门禅师总是保持沉默？

3. 你对禅门"宜默不宜喧"有何看法？

4. 请分享"禁语"的经验。

## 【延伸——缁门崇行录】

明朝无闻明聪禅师，大悟之后，独自在光州六年，到陆安州深山六年；又回到光州三年。这样在山中深山化众生。中独行独居，前后共十七年，然后再归返世间教众生。

大彻大悟后独行独坐，和普愿禅师悟后隐居南泉山意思是一样的。现在有些初学者心地未明，就讨厌丛林，避开大众，离开善知识，独自隐居，孤陋寡闻，不是和古来高僧大德背道而驰吗？

——久处深山

# 根本问题

溪声尽是广长舌，山色无非清净身；

夜来八万四千偈，他日如何举似人？

## 【公案】

日本真观禅师最初研究天台教义六年，后来修习禅学七年。他为了寻师访道，以期明心见性①，找到自己的本来面目，于是负笈中国各名山丛林，参话头②，习禅定，又历时十二年之久，终于在禅门中得到了一点儿自我消息。然后，他束装返国，在京都、奈良等地弘扬禅法。

当时日本各地的学者蜂拥而来，争相以困难的问题请求解答，例如"什么是自己的本来面目""祖师西来大意是什么""狗子到底有无佛性"等。问题虽多，真观禅师总是闭着眼睛不予回答。

有一天，一位研究天台教义三十余年、年约五十岁的道文法师慕名而来，他非常诚恳地说："我自幼研习天台法华思想，有一个问题却始终不能解。"

真观禅师接口说："天台法华的思想博大精深，圆融无碍，问题应该很多，而你竟然只有一个不能解，不知是什么问题？"

道文法师问："《法华经》说'情与无情，同圆种智'，意思是树木花草皆能成佛。请问花草成佛，真有可能吗？"

真观禅师不答反问："三十年来挂念花草树木能否成佛，于你何益？你应该关心的是你自己如何成佛。"

道文法师先是讶异，然后说："我的确没有这样想过。那么，请问我该如何成佛？"

真观禅师说："你说只有一个问题要问，这第二个问题，就由你自己去解决了。"

**大地山河、花草树木，一切宇宙万物都是从我们自性中流露出**

来的，只要我们成佛，一切草木都会跟着我们成佛。不探讨根本，只寻求枝末，怎能进入禅道？禅，就是要我们当下认识自我，不要去攀缘其他。

**【注释】**

①明心见性：谓摒弃世俗一切杂念，彻悟因杂念而迷失了的本性。

②参话头：中国禅宗的修行方法。修行者集中精神对一字或一句话不断地思索穷究，以达到开悟的目的。

**【思考】**

1. 为什么真观禅师不愿回应别人的问题？

2. 请分享你印象最为深刻的一则禅门公案。

3. 何以说只要我们成佛，一切草木都会跟着我们成佛？

**【延伸——缁门崇行录】**

宋朝慕吉禅师，抚州临川人，外号"吉侍者"。住持大沩山寺，领众两千人；斋饭后，一定会到后堂和大众喝茶开示，到了放参休息的时刻，他就亲自出坡，侍者在他旁边，他却当作是路人一样，从不差遣。到了晚上还到殿堂礼佛，检视殿堂和走廊的灯火；疲倦了就用被子盖着头，在三圣堂小睡一下而已。

——躬自役作

# 你从哪里来？

抛却身心现法王，前程不必问行藏；

若能识得娘生面，草木丛林尽放光。

## 【公案】

禅宗六祖惠能最初参见五祖弘忍的时候，五祖弘忍大师第一句话就问："你从哪里来？"

惠能回答："我从岭南来。"

五祖弘忍说："岭南是獦獠①的地方，獦獠没有佛性啊！"

惠能反问道："人有南北，佛性也有南北吗？"

就因为这样一段重要的对话，惠能深受五祖弘忍的器重，甚至后来得五祖传衣钵。而六祖惠能大师也以同样的问话，摄受了许多门徒弟子。以下举四个例子，来说明这一点。

第一，荷泽神会禅师向六祖惠能大师参学，惠能问他："你从哪里来？"

神会回答道："我不从哪里来。"这一句回答，非常受到六祖的赏识。

第二，南岳怀让禅师二十三岁时参访六祖惠能，六祖也问："你从哪里来？"

怀让禅师答道："我从慧安和尚那里来。"

六祖再问道："什么东西把你带来？"

由于怀让禅师无法回答这个问题，因此在曹溪一住就是十多年，直到三十多岁才开悟。

第三，青原行思禅师初到曹溪，六祖一样问道："你做过什么事才来这里？"

行思禅师回答说："圣谛②亦不为。"

意思是说成佛做祖我都不要，还要做什么？这句答话也大受六祖的看重。

第四，做过唐代国师的南阳慧忠，第一次去参访六祖时，六祖问了他同样的问题："你从哪里来？"

慧忠回答说："我从近处来。"

由于过去五祖问惠能："你从哪里来？"因而开启六祖惠能大师入道的因缘，所以六祖以后接引参禅的学人，也都常用"你从哪里来"来启发对方、考验对方，使他对自己生命最根本的来处提起疑情，深入去探究其中的真相。提起疑情，是禅宗接机时常常使用的方法之一，从一个接一个的问答之中，让禅者终于返照自性，认识到自己的本来面目。

**【注释】**

①獦獠：古代对南方少数民族的称呼。

②圣谛：佛教之根本大义，故又称第一义、真谛。

**【思考】**

1. 简述六祖惠能大师的生平。

2. 古德以"你从哪里来"接引学人的用意为何？

3. 如果现在有人问你从哪里来，你会如何回答？

**【延伸——缁门崇行录】**

隋朝智聚法师，住持苏州虎丘东山寺。至德三年遭母丧，悲恸不已，几乎哀伤至死。后来迁址于东山精舍，勤于讲经说法，一时佛法兴盛，法轮常转。

——泣血哀毁

# 诸佛不欺

一子出家，九族升天；
若不升天，诸佛妄言。

## 【公案】

黄檗希运禅师出家后，由于誓志要在佛法上有所成就，因此过了三十年的禅者生活，却从不曾回过俗家探望亲人，但内心深处仍不免记挂着年迈的母亲。五十岁时，在一次参访途中，他终于返回故乡探视母亲。

黄檗的母亲因为思念长年毫无音讯的出家儿子，每天哀伤地哭泣，结果把眼睛都哭瞎了。为了想见儿子一面，她在路旁设司茶亭，招待过往的云水僧，并且迎回家中，亲自为他们洗脚，以示礼敬。其实，她的心里渴望着能借此机会与儿子重逢，因为黄檗禅师左脚上有颗大痣，虽然她眼睛瞎了，但凭着万分之一的洗脚概率，或许可以认出她的爱子。

这一天，黄檗禅师也接受了母亲的招待，他一边让母亲洗脚，一边向母亲叙述佛陀出家的故事，希望母亲能因此得到信仰而安心。由于黄檗禅师只伸出右脚，却不将左脚给母亲洗，所以母亲并未认出他来。

黄檗禅师返家之后，虽然舍不下年迈的母亲，但他还是忍痛继续云游行脚。邻居认出是黄檗，赶紧告诉他母亲说，那个讲佛陀出家故事的人，就是你盼望见面的儿子。母亲听了，几近疯狂地说："难怪声音好像我儿。"说后就追出去，一直追到大河边，这时黄檗禅师已经上船，而且船也早就开动了，他母亲情急之下跳进河里，结果不幸淹死了。

黄檗禅师在对岸远远望见母亲失足落水溺死的情形，不禁悲从中来，恸哭着说："一子出家，九族升天；若不升天，诸佛妄言。"

黄檗禅师说后，即刻乘船返回，火葬了母亲，并说一偈曰：

"我母多年迷自心，如今华开菩提林；当来三会若相值，归命大悲观世音。"

在黄檗禅师说偈的时候，乡人都看见他的母亲在火焰中升空而去。

已出家的黄檗禅师认为，对于至亲必须放弃恩情，达到无为时，方才是真实的报恩。所谓的孝顺，有三种层次：一为小孝，甘脂奉养，给父母温饱；二为中孝，事业有成，光宗耀祖；三为大孝，出家修行，度父母出离生死轮回。所以，黄檗禅师不是一个不孝的人，他度脱母亲乃大孝也。

【思考】

1. 简单说明孝的三种层次。

2. 为什么黄檗禅师不肯与母亲相认？

3. 略述你对"孝"的看法。

【延伸——缁门崇行录】

北齐道纪禅师，修习成实宗，著有《金藏论》七卷。在邺城东郊讲经，

每次去讲经都挑担着他的母亲和经典、佛像等。告诉人家说："亲自供养母亲的人，这个功德和供养登地菩萨是一样。"举凡母亲的衣服、饮食、大小便他都亲自照料，从不麻烦别人。有人主动要帮忙，他则婉拒说："这是我的母亲，不是您母亲；人的躯体，只不过是四大的假合，因为它才有许多累赘和痛苦，我也不例外。有身必有苦，就让我来辛苦，何必劳烦大家呢？"当时无论是出家或在家，听到的人都受到感化。

——母必亲供

第八章

# 炷香增福

翰林挑水汗淋腰，和尚吃了怎能消？

老僧禅坐一炷香，能消施主万劫粮。

## 【公案】

唐朝的裴休宰相是一位很虔诚的佛教徒，他的儿子裴文德，年纪轻轻就中了进士，被皇帝封为翰林①。但是裴休不希望儿子这么早就飞黄腾达，少年进仕，因此将他送到寺院里修行参学，并且要他从行单（苦工）的水头②先做起，天天在寺里挑水。

少年得意的裴文德在意气风发之时，忽然被父亲送去做苦行僧的苦工，每天只能在寺院里挑水砍柴，弄得是身心疲累，烦恼重重。但因父命难违，只有强自隐忍。

他心不甘情不愿地做了一段时间之后，终于满怀愤恨地发牢骚："翰林挑水汗淋腰，和尚吃了怎能消？"

这话刚巧被寺里的住持大和尚听到，他微微一笑，也念了两句诗偈回答："老僧禅坐一炷香，能消施主万劫粮。"

裴文德听了大吃一惊，从此收摄身心，心甘情愿地苦劳作役。


伟大的人物，不是因为坐在高位才受人崇拜；禅者是从卑贱作务、苦役劳动中身体力行，磨砺意志；儒者也有"天将降大任于斯人也，必先苦其心志，劳其筋骨，饿其体肤，空乏其身"。佛教虽然重视头陀苦行，劳役历练，这也只是充实福德因缘，属世间的有为法。

在禅者所谓的一炷香里，心能横遍十方，性能竖穷三际，心性能与无为法相应，当然"老僧一炷香，能消万劫粮"了。

有为法的功德能有多少？在无为法里面，一点一滴都是"横遍十方，竖穷三际"。

【注释】

①翰林：官名。唐代后期，往往即以翰林学士升任宰相。北宋翰林学士仍掌制诰。清代以翰林掌院学士为翰林院长官，其下有侍读学士、侍讲学士。

②水头：禅林中司掌汲水、烧热水供大众盥洗之职称。

【思考】

1. 裴休宰相如何教育儿子？

2. 为什么老僧一炷香，能消万劫粮？

3. 从小到大，哪一则"教育"的故事让你印象深刻？

4. 你对现今的教育有何看法？

【延伸——缁门崇行录】

唐朝玄沙师备禅师，俗姓谢。父亲以捕鱼为业，不幸落水而亡；禅师因此出家以报答父亲养育恩德。出家后一双草鞋、一件粗布衣，吃的东西仅够维持生命，和福州雪峰广福院雪峰义存禅师为友。雪峰禅师因为他的苦行，所以称他为"备头陀"。

有一天禅师带着行李，想到各处参访，走不多远，忽然擦伤脚，流了血，豁然感悟佛理只在此身处，不必远求，于是不下山，就与雪峰禅师一起切磋心法。雪峰禅师曾说："备头陀是乘愿再来度化众生的菩萨！"后来有一天晚上，玄沙禅师忽然梦见父亲来相谢说："因你出家，明心见性的功德，我已得生天界，特地来告诉你这个消息。"

——悟道报父

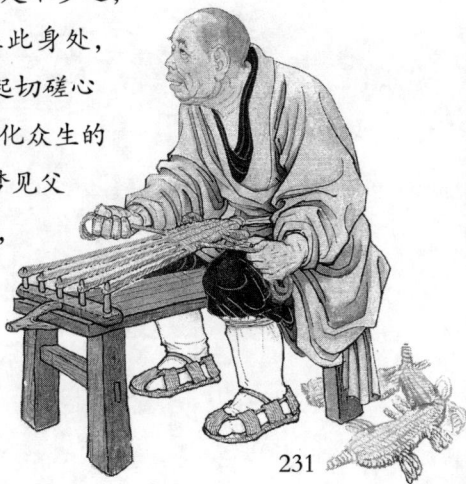

# 哪里没有佛？

巨海茫茫性海清，何分江渠与沟坑？

归来一滴曹溪水，洒向云厨味自珍。

## 【公案】

一次，有位禅师在佛殿里随众课诵，忽然咳嗽了一声，就将一口痰吐在佛像身上，管理的纠察师看到以后就责骂他道：

"岂有此理！怎么可以把痰吐在佛身上呢？"

这位吐痰的禅师又再咳嗽了一下，对纠察师说：

"请您告诉我，虚空之中，哪里没有佛？我现在还要再吐痰，请问哪里没有佛？"

这位吐痰的禅师已经悟到"佛性遍满虚空，法身充塞宇宙"的道理，纠察师却怪他把痰吐在佛身上，自以为对佛尊敬了，其实，这正表示他还不懂什么是佛，佛的法身是遍满虚空，充满法界的。所以禅师说：

"请您告诉我，哪里没有佛？"

这么一问，您能回答得出吗？回答不出，就是尚未悟道。即使悟道，这样反诘一问，他的灵智、他的禅机，也就由此更加展开了。

## 【思考】

1. 为什么禅师会将痰吐在佛像上呢？

2. 承上题，你认同禅师的行为吗？为什么？

3. 这则公案给你什么启示？

## 【延伸——缁门崇行录】

南朝梁代智藏法师，吴郡人，住持钟山开善寺。有一天遇到一位相命师告诉他说："法师聪明盖世，可惜寿命不长，只能活到三十一岁。"那时智藏法师二十九岁，于是停止讲经说法，在经藏中找到《金刚经》，竭诚诵读，昼夜不停礼佛求忏悔。到了三十一那年岁暮，忽然听到空中有声音说："您的寿命本来已经到了，因诵经功德，而得两倍的寿命！"后来，智藏法师又遇见那位相命师时，相师大吃一惊，法师就告诉他原因，才知道诵经的功德真是不可思议。

寿命的长短虽是各人的命运，但诵经礼忏可以延长寿命，那么生死由命的宿命论就可以推翻了。唐朝晋国公裴度，起初相命者说他命不好会饿死，有一天游香山寺时，有一女人，其父受冤被判罪，向人借了三条玉带、一条犀带，想请大官救她父亲，她到佛前礼佛时，把这些带子放在栏楣上忘了带走，裴度捡到还给她，救人一命。后来那位相命师看见他就说："你的命改了，一定是你做了什么阴德，所以短命相消失了，反而会前程万里。"

又如宋朝宋庠，与其弟宋祁，同举进士。有一天，一胡僧惊问："您丰神尊贵顿异，犹如救活了数万人的生命，到底什么原因呢？"宋庠想了一下，说："啊！我屋檐下有一蚂蚁穴，被暴风雨侵袭，我编了一座竹桥使其免于覆亡！"胡僧说："这就是大功德了。"

由这两个例子看来，人力尚可挽回天命，何况三宝不可思议的功德力呢？就怕不能像上述两位尊者那么真诚礼忏啊！倘若诵起经来，像冶炼时鼓风吹火那样念几声，毫不注重随文修观，或由文入理；拜起忏来，只像杵臼打米似的，上下磕几个头，根本没有惭愧和至诚求哀忏悔的心，这样诵经拜忏，又怎能怪佛菩萨没有感应呢？

——诵经延寿

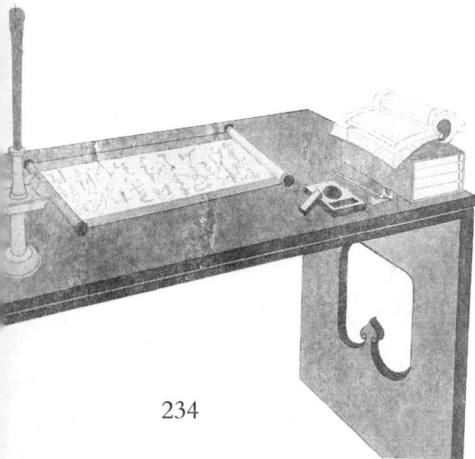

# 不复再画

画虎画皮难画骨，画人画面难画心。

## 【公案】

日本的月船禅慧禅师是一位善于绘画的高手，他每次作画前，必定要求买画者先行付款，否则决不动笔。这种作风不免让一般的社会大众对他有微词，常批评说，他的禅很有名，要钱也很有名。

有一天，某位贵夫人请月船禅师绘一幅画。

月船禅师一开始就问："你能付多少酬劳？"

那位贵夫人答说："你要多少就付多少，但我要你到我家去当众挥毫。"

月船禅师答应了，就随贵夫人到她府上，只见贵夫人家中正在宴客，月船禅师正要开口谈酬劳时，贵夫人却对宴会的大众说："你们看，这位画家只知道要钱，他的画虽然好，但是他心地肮脏，被金钱给污染了。所以，他的作品不宜挂在我的客厅里，只能装饰我的裙子。"

说着，便拿出自己穿过的一件裙子，要月船禅师在上头作画。

月船禅师问："你要出多少钱？"

这位贵夫人说："你开个价，我付得起！"

于是，月船禅师开了一个非常昂贵的价钱，然后依照那位贵夫人的要求，画了一幅画，拿了钱就即刻离去。

很多人不明白，为什么禅师只要有钱拿就好？即使受到任何侮辱也无所谓。后来才知道，月船禅师住的地方，常发生灾荒，当地的富人不肯出钱救助穷人，因此他建了一座仓库贮存稻谷，以供赈济之需。又因为他的师父生前发愿建寺，可惜志业未成就不幸身亡了，因此月船禅师想完成他师父的遗愿。

当这两个愿望达成之后，他即刻抛弃画笔，不复再画，并说：

"画虎画皮难画骨，画人画面难画心。"

钱是丑陋的，心是清净的，有禅心的人，不计人间的毁誉，像月船禅师以自己的艺术素养来求取净财，救人救世，因此他的画不能以一般的画来论，应该称为禅画。月船禅师不是贪财，他是舍财，可是世间有多少人能懂得这种禅心呢？

## 【思考】

1. 试述月船禅师作画的动机。

2. 当你被误解时，你如何解决？试举例说明。

3. 请分享一则书画家的故事。

## 【延伸——缁门崇行录】

宋朝怀琏禅师，漳州人。宋仁宗皇祐年间，召他到化城殿开示佛法，赐号"大觉禅师"。怀琏禅师持戒甚严，皇帝派遣使者送龙脑香树做的钵盂给他，禅师竟当着使者面前把钵烧了，并且说："学佛的人要穿朴素的衣服，用瓦钵吃饭，这个龙脑木钵不如法，所以不宜使用。"使者回去将这件事禀奏皇上，皇上听了嘉叹不已。

琏公烧钵而毫无怖畏之心，宋英宗听了使者的奏陈而毫无愠色，这难道不是禅宗史上的一段佳话吗？

——对使焚钵

# 看好戏

坚厚寒冰，日出却融；冷硬菜肴，薪火熟暖；
夫妇之道，如日如薪；彼此温暖，互相成熟。

238

**【公案】**

日本江户时代，有一位仙崖义梵禅师，经常出外行脚弘法。

有一天，他远远看到路边有一对夫妻在争执，不一会儿两人就吵了起来，而且越吵越激烈，禅师看了这情形，便在路上大声叫嚷起来："各位过路的人，赶快来看哟，这里有不要钱的好戏可以看哦！"

这个时候，那对夫妻仍然继续吵架，甚至已经开始打了起来。

于是，仙崖禅师又喊着："精彩极了！现在要打架啦！大家快来看哪！"

这个时候，有位路人终于忍不住走上前，指着仙崖禅师骂："喂！你这和尚，人家夫妻吵架，关你何事，你在这里幸灾乐祸什么？"

这时，吵架的夫妇见路人和禅师也在争吵，夫妻俩索性不吵了，和其他路人一起好奇地围过来观看。

仙崖禅师看大家都靠了过来，正是说法的好时机，便开口说："现在既然你们不吵架，那我就可以说法了。"

仙崖禅师看着这对吵架的夫妇，说："即使再厚的寒冰，经过太阳的照射也会融化；再冷的饭菜，经火烧煮，也会煮熟、煮热。夫妻既然有缘生活在一起，要做太阳温暖对方，要做柴火成熟对方。希望普天下的夫妻都能相敬如宾。"

人与人之间，是良缘或恶缘，皆存乎一心。争吵大多来自于彼此互不相让，若能做到"你对我错""你大我小"，那么人我之间自然像春阳、像和风，彼此和谐无争。

【思考】

1. 仙崖禅师对吵架的夫妇说了什么？

2. 当你遇到有人吵架时，你如何处理？

3. 一个家庭要如何和睦相处？

【延伸——缁门崇行录】

唐朝六祖惠能大师，初次见到五祖弘忍时，就明心见性了。五祖说："你根性太锐利，到后院的碓坊舂米去！"于是到后院踏舂米碓，为了增加工作效率，六祖在腰上绑了一块石头，增加身体的重量，加速踏动舂米碓，这样辛苦勤劳地工作，供养大众。后来五祖传衣与法给他，唯恐遭人嫉妒和伤害，便夜半送他离去，隐居在猎人队中，蓬头垢面十六年。后来护法龙天推他出来弘法度众，于是到广州法性寺，值印宗法师讲《涅槃经》，时有风吹幡动，一僧说是"风动"，一僧说是"幡动"，议论不已，惠能大师就说："不是风动，不是幡动，仁者心动。"四众皆惊讶佩服。

惠能大师不但十六年后才开始传法，而且剃发也在那个时候，功夫修养之深厚迟重，可以说是空前绝后。说他是万代师表，不是很合适吗？

——传法久隐

240

# 行恶与修善

行恶无善念，行善无恶心；

善恶如浮云，无生亦无灭。

241

**【公案】**

有学僧请示嵩山峻极禅师道："如何才是修行行善的人？"

峻极禅师回答："担枷带锁者。"

学僧不懂："如何是邪恶为非的人？"

峻极禅师回答："修禅入定者。"

这样的回答，使学僧觉得好像在雾里迷失了方向，不知其所以然。因此说道："学僧的根机愚昧，禅师的开示，颠倒难明。恳求禅师还是用简明易晓的方法开示吧！"

峻极禅师于是说："所谓恶者，恶不从善；善者，善不从恶。"

学僧如堕五里迷雾中，依然茫然不解。良久，峻极禅师问学僧："懂了吗？"

学僧回答："不懂。"

峻极禅师再说："行恶者无善念，行善者无恶心。所以说善恶如浮云，无所生也无所灭。"

学僧终于言下大悟。


做好事名曰善，做坏事名曰恶。善有善报，恶有恶报，不愁不报，时辰未到。三世因果历然俱在，在事相上说，一点儿不虚。但在本性上讲，善恶之名都不立，若能不思善、不思恶，即名见性，见到自己本来面目。所谓"罪业本空由心造，心若亡时罪亦灭"。

在真理上讲，作福行善，一味执着人天福报，岂非为枷锁所囚？作恶为非，虽要恶道流转，但本性仍是如此。故峻极禅师兴大慈悲，发此高论，乃要吾人莫为善恶所迷。

要知道，以为行善上升时，就一味执着有为善法是究竟的解脱，这就错了。作恶下堕时，就心灰意冷，以为人生无望，这也是错的。实则"善恶是法，法非善恶"。

拳头本身不是善，不是恶。打人就是恶，可是替人捶背，却是好事。拳头本身是法，没有善恶，用出来却有善恶分别。所以，善恶是法，法非善恶。

【思考】

1. 禅师为何会说修行行善之人为担枷带锁者？

2. 试述你对"善恶是法，法非善恶"的看法。

3. 你相信"善有善报，恶有恶报"吗？为什么？

【延伸——缁门崇行录】

儒家的学问，是以六经、《论语》、《孟子》等书为标准，而老庄的学者，甚至把佛经禁制不学，专攻一门学问。现在出家人不读佛经而读儒家的书，读儒书未尝不可，又甚至专读《庄子》《老子》，稍具聪明机敏的人，又加以注解，又学做诗、学写文章、学书法、学尺牍，这些杂学，都足以障道。古来祖师有博通儒家老庄，甚至诗词字画者，用以度众，那是他对生死已有把握，佛学已届精深，不妨游戏三昧，以广化众生；今人生死未了，而务外学，这应该是佛法衰微的原因啊！

——僧务外学

# 天生暴躁

罪业本空由心造，心若灭时罪亦亡；

心亡罪灭两俱空，是则名为真忏悔。

**【公案】**

日本江户时代有一位盘圭永琢禅师，他一生接引学人，都要求应具有佛心和高贵的道德。他说法事理圆融，深入浅出，不仅浅显易懂，也常在结束之前，让信徒问问题，并当场解说，因此不远千里慕道而来的信徒很多。

有一天，一位信徒上前请示盘圭禅师说："我天生暴躁的性情，不知道要怎么样才能改正？"

盘圭禅师听了以后，就对信徒说："你把这天生暴躁的性格拿出来，我帮你改掉。"

信徒回答说："不行啊！我现在没有。但是，一碰到某些事情的时候，那'天生'的性急暴躁才会跑出来，然后自己就会控制不住地发脾气。"

盘圭禅师于是说："这个情形是很奇妙的。如果现在没有，只是在某些偶发的情况下才会心情暴躁，可见得这不是天生的，而是你和别人争执时，自己造就出来的。可是，现在你却把它说成是天生的，把过错推给上天，推给父母，未免太不公平了。"

信徒经过禅师的一番开示之后，终于会过意来，从此努力改掉暴躁的个性，再也不轻易发脾气了。


有很多的毛病，其实都是自己的恶习，习惯不是天生的，除了清净的真如本性是本有的，其他的都是一种习惯。只要我们有勇气，恶习都可以改掉，不能"讲时似悟，对境生迷"。境界来的时候，也要有勇气抑制，改变恶习，没有什么暴躁的脾气是改不掉的。

【思考】

1. 试述本文之大意。

2. 你如何面对自以为是天生的习气？

3. 试著撰写一篇读后心得。


【延伸——缁门崇行录】

宋朝雪窦重显禅师，在随州智门光祚禅师处得印证心法，豁然了悟。有一天重显禅师打算到钱塘江一带行脚参方，学士曾公建议他说："灵隐寺在钱塘是天下名胜地，住持珊禅师是我的老朋友。"于是附了一封推荐函让重显禅师带去。

重显禅师到了灵隐寺，默默随众三年。有一天曾公刚好奉命出使浙西，想顺道拜访禅师，灵隐寺居然没有一个人认识重显禅师。当时寺内有一千多名僧人，曾公命官差检查挂单名册，好不容易才找到禅师。曾学士问起那封推荐函时，禅师从袖中取出那封信，封缄如故。并且说："曾公的好意和关怀，我非常感激，但像我这行脚的云水僧，于世无求，怎敢祈望由您的推荐而闻达呢！"曾公大笑，珊禅师因为这样，而对重显禅师另眼相看。

现代人得到达官贵人的推荐函，好像得到稀世珍宝一样，而想方设法取得功名，可能这些人没听说过重显禅师的故事吧！我常惊叹显老的禅机开示，棒喝交加，电掣雷轰，不输给德山、临济诸老。考究他的一生，才知道他的器量风度是如此不同凡响！身为出家人不可以不自爱啊！

——袖纳荐书

# 安住何处？

理事圆融泯自他，白云飞去了无痕；

海纳百川流不尽，空容万象是吾家。

## 【公案】

有一天，丹霞天然禅师去拜访马祖道一禅师，在路上遇到一个白须苍苍的老人和一个髫龄童子。

丹霞禅师见老者器宇不凡，上前恭敬地问："请问老人家住在何处？"

老人不答，用手指指天，再指指地，然后才说："上是天，下是地。"意思是说，宇宙天地就是我的家。

丹霞禅师又追问："天地毁灭时，你又住在哪里呢？"

老人高声大吼："苍天哪！苍天哪！"意思是宇宙天地本来就是成住坏空①的。

那位髫龄的童子在一旁"嘘"了一声，这是透露自家的本性。自家本性的住处，是不生不灭②的。天地可以毁灭，自家的本性不毁灭。

丹霞禅师听罢大大赞美："虎父无犬子！"


肉身不坏的慈航法师曾经说过："只要自觉心安，东西南北都好。"所以上是天，下是地，处处无家，处处可以为家。世人住在声色货利里，住在功名富贵里，住在权力爱情里，一切都在变异不停，又有哪一个能让我们安住其中呢？

人如果能肯定自己，不被五欲六尘的境界牵着鼻子走，心能安住在寂静里，能安住在满足里，天崩地裂又奈我何？"菩萨清凉月，常游毕竟空"，月亮在空中，好像无依靠，非常危险，其实是安住在空中。就因为菩萨常住在般若空性之中，了无挂碍，所以菩萨的生活才能自由自在。

吾人只要有禅，生活必定自由自在。

248

【注释】

①成住坏空：指成劫、住劫、坏劫、空劫等四劫。即世界生成与毁灭不断变化的自然现象。

②不生不灭：指一切现象，皆由因缘和合而成，没有现象的本体。因此现象既没有真实地存在过，当然也无所谓灭失。

【思考】

1. 丹霞禅师访马祖道一禅师时，在路上遇到什么人和事？

2. 你如何克服生活中的五欲六尘？

3. 为什么说只要有禅，生活就能自由自在？

【延伸——缁门崇行录】

宋朝圆照宗本禅师，跟随永安寺道升禅师出家。升公道风远播，至丛林依止修行的人很多。宗本禅师穿旧破衣，常做汲水、春米、煮饭的事来供养大众，晚上则进禅堂参修。升公对他说："苦行者！你荷担众人的事务，实在很辛苦，会不会感到疲劳呢？"

宗本禅师说："一个修行人如果舍弃一件利益众生的事，就不名为圆满的菩提心了；我想此生亲证这件事，怎么敢说疲惫呢！"

忙着众人之事，而仍不妨碍谈论古今之学问；管理大寮典座之事，而仍能入室参道，是多么艰苦卓绝的事。今出家人，不参与作务而接受信徒供养，还冠冕堂皇地说："我是专心修道的人，那些是做事的人。"唉！怎么会和古人相差这么远呢！

——行不辞劳

# 禅的心要

金屑虽珍宝，在眼亦为病；
离无明执着，是名真禅心。

## 【公案】

有一次，唐朝大诗人白居易请教兴善惟宽禅师："我们人有身口意，请问身口意如何各自修行？"

惟宽禅师回答："无上菩提，假如用于身，那就是戒律；如果说之于口，那就是经法；行于心，名之为禅定。应用有律、有法、有禅，是三，其实是一也。如江淮河汉，名虽不一，水性无二，全都是水。律即是法，法不离禅，身口意合一而修，都是心，那么，我们在身口意三者之间，何必要妄起分别？"

白居易听了以后，仍然不解，再问："既无分别，何以又说正身、修口、修心？"

惟宽禅师答说："心本无损，为什么要修行？要知道无论是垢是净，一切主要的是不起妄念，要不动心。"

白居易听了以后就说："垢可以拂拭，不可起念，净能无念可乎？"

惟宽禅师道："如人眼睛，物不可住于眼。金屑虽珍宝，在眼亦为病；乌云可以遮蔽天空，白云同样也能遮蔽天空。"

白居易又问："无修无念，又何异凡夫？"

惟宽禅师说："凡夫长无明，二乘长执着，离此无明①和执着②的二病，是名真修；真修者，不得勤，不得忘，勤者近执着，忘即落无明。此为心要。"

白居易因有所悟，后来成为虔诚的佛教徒。

世间的一切，有好有坏，有大有小，例如布施，布施多，多功德；布施少，少功德，所以一切都有分别。身修则有不杀、不盗、不邪淫；

口修则有不妄语、不绮语、不两舌、不恶口；意修则有不贪欲、不嗔恚、不邪见。身口意的修行，当然各各有别，若于真心自性上讲，本自清净，本自具足，何假修证？何有勤忘？故惟宽禅师以此说法，为禅之心要。

**【注释】**

①无明：即暗昧事物，不通达真理与不能明白理解事相或道理之精神状态。

②执着：指对某一事物坚持不放，不能超脱。

**【思考】**

1. 何谓禅的心要？

2. 试问"无明"与"执着"从何生起？

3. 试举例说明"执着"的苦患。

**【延伸——缁门崇行录】**

唐朝法常法师，襄阳人，性情刚直敏锐，平素衲衣瓦钵，每天只吃早上一餐饭而已。唐德宗贞元十二年，大师从天台山到了梅山，梅山是汉朝仙人梅福隐居修行的地方，大师寄宿在梅福住过的房子里。有一天梦见神人告诉他说："您不是普通人，这石库中有一本记载着将来的事，得到的人可以为人王帝主；不然，也可做皇帝的国师。"

法常大师说："这不是我所向往的，以前僧稠大师在怀州西王屋山禅坐时，听见两只猛虎交斗，咆哮震山，于是用锡杖把它们隔开，化解两虎之斗，两虎各自散去后，忽然有仙经两卷出现在床上，稠大师说：'我修习佛道，岂是欲求长生之人呢？'说完仙经就消失了。我也是追求不生不灭、远离现世生死之苦，一切惑业寂灭，而得究竟安稳为最乐的啊！"神人听了十分赞叹佩服。

——不受仙书

# 如虫御木

凡圣心法，原自备足；

如虫御木，偶尔成文。

**【公案】**

沩山灵祐禅师未悟道前，在百丈怀海禅师处参学。有一次，在严寒的夜里，百丈在火炉旁看书，沩山就站到百丈禅师的身旁随侍。

百丈禅师问："谁？"

沩山禅师答："灵祐！"

百丈禅师说："你拨一拨火炉中，看看还有火没有。"

沩山禅师在炉中拨了一拨，回答："无火。"

百丈禅师站起来，走向炉边，用火钳亲自在炉中深深一拨，结果拨出了一点儿火星，他取出来给沩山看，然后反问他："你说无，这个不是火吗？"

沩山灵祐禅师说："我知道是有，只是未能深深一拨！"

百丈禅师说："这只是暂时的歧路，经典上说，要了悟佛性，当观时节因缘，时节因缘一到，如迷忽悟，如忘忽忆，那时才知道自己本来一切具足，不是从外而获得的。所以，祖师说：悟境同未悟，无心如有心。凡圣虚妄，本来心法，原自备足。你现在已是如此，好好保护并把握它吧！"

第二天，沩山禅师随同百丈禅师入山出坡（劳动服务），百丈禅师问沩山："火种带来了吗？"

沩山禅师答："带来了。"

百丈禅师追问："在什么地方？"

沩山禅师捡起一枝柴，吹了两下，然后交给百丈禅师。

百丈禅师欢喜地说："如虫御木，偶尔成文。"

*火种，代表了什么？暗示了什么？此即所谓佛性也。百丈禅师*

要沩山到炉中拨火，此即暗示他要找到自己的佛性。可是找到佛性本心，谈何容易！百丈禅师不得不亲自示范，要深深一拨，自性才能现前。甚至师徒在出坡时，都在策励生活中不要忘记自性，一句"火种带来了吗"，这里面蕴含多少慈悲、多少智慧、多少生活禅也。

【思考】

1. 百丈禅师请沩山禅师拨火炉的用意为何？

2. 文中的"火种"代表什么？又暗示什么？

3. 如何找到佛心本性？

【延伸——缁门崇行录】

唐朝智宽法师，蒲州河东人，常诵《维摩诘经》及戒本，感召天神围绕。法师秉性慈悲宽怀，乐意帮助病人，不论出家或在家，离他远或近，如有患病没人医治的，就用车子把病人送到自己的住处，亲自照料。曾有一病人，腹部长了一个疮疽，脓流不出来，法师就用口吸它，后来这个病人因此痊愈。

后有土匪作乱，借故捕捉智宽法师，将他流放到四川边地，他婉拒了一切金钱、衣物等供养，只带着一头驴和一些经书。半路上，遇到一位行脚僧，脚受伤无法走路，躺在路旁，智宽法师就让他乘坐驴子，自己背着经典。当时农作物岁收不好，人民粮食短缺，他就用一点米煮成稀饭，彼此充饥，又将自己的衣物给他穿，有时将自己的食物让给他，有时减少自己的食物，含着一颗悲悯的心，劝导教化他念佛。

——口吮腹痈

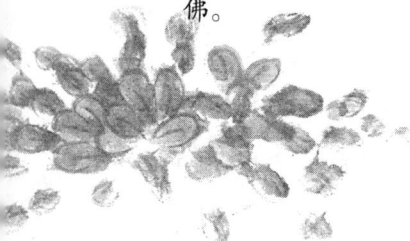

256

# 茶杯不是茶杯

邪人说正法，正法也成邪；

正人说邪法，邪法也成正。

257

**【公案】**

渐源仲兴禅师在担任道吾圆智禅师侍者的时候，有一次，他端茶给道吾禅师喝，道吾禅师就指着茶杯问他说："是耶，非耶？是邪，是正？"

渐源禅师就走近了一些，面向着道吾禅师，一句话都不说。

道吾禅师说："邪则总邪，正则总正。"

渐源禅师摇摇头，又说："我不认为如此。"

道吾禅师紧接着问："那你的看法是什么呢？"

渐源禅师就把道吾禅师手中的杯子抢到手里，大声反问："是耶，非耶？是邪，是正？"

道吾禅师闻言，不禁抚掌大笑，赞赏地说："你真不愧是我的侍者啊！"

渐源禅师便向道吾禅师礼拜。


所谓"邪人说正法，正法也成邪；正人说邪法，邪法也成正"。有些人天天说道，却破坏别人的信心；有些好打喜骂的人，却能助人入道，因此道吾禅师说"邪则总邪，正则总正"。

《金刚经》里提到，是佛法的，有时候不是佛法；不是佛法的，有时候都是佛法。就如布施、持戒是佛法，可是将布施任人乱用，那就不是佛法，又如只是呆板地持戒，执着于教条，行慈悲却不能给人方便，这些虽说是佛法也已不是佛法了。

若能体会宇宙万有都是"因缘生，因缘灭"，则不执断，亦不执常，能作如是会，则一切皆正。若将手中物执有、执空，则皆是邪。

说茶杯是茶杯，实在不是茶杯。你说这不是茶杯，是因缘所生

法，也不必破坏它。渐源禅师以此见地反问老师，道吾禅师欣慰嘉
勉，二人终于师资相契。

**【思考】**

1. 渐源禅师为何要抢走道吾禅师的杯子？

2. 你对"邪人说正法，正法也成邪；正人说邪法，邪法也成正"
有何看法？

3. 试举例说明"因缘生，因缘灭"的道理。

**【延伸——缁门崇行录】**

宋朝汾阳无德禅师，曾参访七十位善知识，前后八次受人迎请出
山说法，大师都没答应。后来居住在襄阳白马寺，并州、汾
州一带的僧俗两众一千多人，一再迎请大师说法度众，最后
盛情难却终于随顺大家意思。一开演就宗风大振，近悦远来。

很多高僧得法之后，大多不露锋芒，埋光隐居，时机
成熟才显露；而汾阳禅师被人迎请八次不去，更是隐秘迟
重。其后宗风大振，难道不是渊源深远而流传长久吗？
现代年轻人，稍具备一点儿才能，就急急忙忙想要表
现，唯恐落人之后，这是不对的啊！好比果实没有成熟
就摘下来，最终还是不香甜，不好吃。出家人应该要时
常自我警惕反省啊！

——八请不赴

第九章

# 不可向你说

丈夫自有冲天志，
不向如来行处行。

**【公案】**

有许多人向覆船洪荐禅师参学问道，结果皆因此而开悟，所以十方学人都争相前往参拜覆船禅师。

有一个学僧在参访覆船禅师的路上，碰到一个卖盐的老翁，于是趋前请教说："请问老人家，覆船路如何去？"

老翁听了良久不语，于是学僧又问了一次。

老翁很不高兴地说："我已经向你说过了，你聋了吗？"

学僧不明所以："你根本没发出一点儿声音，怎么说已经说了呢？"于是反问老翁，"你向我说过什么？"

老翁："向你说覆船路。"

学僧一听，这卖盐老翁似乎也是一位禅者，于是就问："难道您老人家也学禅吗？"

"不只学禅，所有的佛法我都会。"

学僧再问："那你说说看，什么是佛法？"

老翁一句话也不说，挑起盐篮便要走。

学僧不解，说声："难啊！"

老翁回过头来："你为什么说难？"

学僧："盐翁！"

老翁："有何指示？"

学僧："请问您怎么称呼？"

老翁："不可向你说这是盐。"


想去覆船禅师处参禅学道，路要怎么走？"既曰覆船，何有道路？"道有难行道、易行道；有大乘道、小乘道；有出世道、世间道，一般学者总要循道前行。但是，禅门学者没有一个依循者，所谓"丈夫自有冲天志，不向如来行处行"。所以，禅者不落于窠臼，不走前人路，要走出自己的路。虽是覆船，又何无路！

【思考】

1. 为什么卖盐老翁不回答学僧的问题？

2. 禅者为什么不走前人路？

3. 这则公案想告诉我们什么？

【延伸——缁门崇行录】

宋朝光孝安禅师，住持清泰寺。有一次在入定时看到两位僧人倚着栏杆交谈，刚开始有天神护卫倾听，好久之后天神离开了；不久便听到恶鬼鄙弃辱骂两僧，并扫除他们走过的脚印，查考其原因，原来两僧最初讨论佛法，接着叙旧家常，最后谈到供养之事。禅师于是终年不再谈论世事。

古人为生死大事行脚参究，才碰到堪为师友的，便急切地商讨此一大事，哪有时间讨论其他的琐事呢？现代的人整天谈些拉拉杂杂的话，要找像这两位僧人一样的，也很难得了；想想鬼神无时无刻都在我们左右，他们又作何感想呢？唉！要时时保持一颗戒惧谨慎的心哪！

——不谈世事

# 晒香菇

不经一番寒彻骨，怎得梅花扑鼻香；

直饶热得人流汗，荷池莲蕊也芬芳。

**【公案】**

日本曹洞宗之祖永平道元禅师曾经在宋朝的时候来到中国参学。

当时，浙江的天童寺里，住着一位八十多岁弯腰驼背的老和尚。

这一天，老和尚正在大太阳底下晒香菇，永平道元禅师刚巧经过看到了，很不忍心地对老和尚说："长老，您年纪这么大了，应该不必再做这种吃力、辛苦的工作，可以找别人来做吧！"

老和尚头也不抬，只是简洁地回答永平道元禅师，说："别人不是我！"

永平道元禅师仍然对着老和尚继续劝说："话是不错，可是也不必专挑这种大太阳的中午来晒香菇哇！"

老和尚听到永平道元禅师的这番话后，终于站起身来，瞪着眼前的年轻人，反问说："大太阳时不晒，难道要等到下雨天才来晒香菇吗？"

老和尚的回答简短有力，可说是发人深省的悟道禅语，显示出禅就在生活中，连晒香菇都有禅心的朴实。禅师们不是天天都坐在蒲团上闭目打坐，举凡生活中的穿衣、吃饭、搬柴、运水等一切事情，样样都不假手他人，自己亲力亲为，也无须等到明天，因为当下即是。禅者便是从这些日常的劳动服务里去认识自己，去体会禅的甚深意境。

天童寺里的老和尚所说的"别人不是我""现在不做，更待何时"，说明了修行是他人不能代替的，以及修行就在当下，老和尚的这两句话，值得现代人细细参究。

1. 为什么老和尚要在大太阳底下晒香菇？

2. 请分享这篇文章中你印象最深刻的一句话。

3. 这则公案给你什么启发？

## 【延伸——缁门崇行录】

佛在世时，大迦叶尊者专修苦行，年老继续苦修。佛怜悯他年老体衰，告诉他："修苦行固然很好，但如今你已经老了，可以稍作休息，不要把身体累坏了。"但迦叶依然苦行如故。

佛陀见了大为赞叹："你可以作一切众生行为的榜样，正如我在世一般。有人像你一样修苦行，那么佛法必能常存，如果没有人修苦行，佛法就要灭亡了。你不愧是荷担如来家业的人啊！"后来因灵山一会，佛陀拈花，迦叶微笑，正法眼藏，以心印心，传予大迦叶，成为西天竺禅宗的初祖。

头陀行的存灭，关系着佛法的存灭，这是佛陀金口宣说的，这句话好像还在耳边萦绕；现在的出家人吃得很丰盛，穿着很华美，装修住所，四肢懒散，装饰消遣赏玩的事物。佛法没落了，实在令人惋惜！迦叶鼻祖在印度和中国两个不同的地方，所作的榜样，难道是他预先知道印度佛法衰微后将盛行东土，到今天会有这种奢华而不苦修的毛病，特地留下风范来予徒子徒孙作对治的良药吗？但愿禅门子弟，照着迦叶祖师的榜样修行，不要因处在末法时代而自暴自弃。

——年老头陀

# 飞越生死

佛在灵山莫远求，灵山只在汝心头；
人人有个灵山塔，好向灵山塔下修。

**【公案】**

有一个学僧道岫，虽然精进于禅道的修持，但始终不能契悟，眼看比他晚来参禅学道的同参，不少人对禅都能有所体会，想想自己实在没有资格学禅，既不幽默，又无灵巧，始终不能入门，心想还是做个行脚的苦行僧吧！于是道岫就打点二斤半的衣单，计划远行。临走时，便到法堂去向广圄禅师辞行。

道岫禀告说："老师！学僧辜负您的慈悲，自从皈投在您座下参学，已有十年之久，对禅仍是一点儿觉悟也没有。我实在不是学禅的根器，今向老师辞别，我打算云游他去。"

广圄禅师非常惊讶地问："哦！为什么没有觉悟就要走呢？难道到别处就可以觉悟吗？"

道岫诚恳地再禀告："我每天除了吃饭、睡觉之外，都精进于道业上的修持，我虽用功但就是因缘不合。反观同参的道友们，一个个都契机地回归根源。目前我内心深处，起了一股倦怠感，我想我还是做个行脚的苦行僧吧！"

广圄禅师听了就开示："悟，是一种内在本性的流露，无法形容，也无法传达给别人，更是学不来也急不得的。别人是别人的境界，你修你的禅道，这是两回事，为什么要混为一谈呢？"

道岫说："老师！您不知道，我跟同参们一比，立刻就有小麻雀遇大鹏鸟的惭愧感。"

广圄禅师装作不解地问："怎么样是大，怎么样是小？"

道岫回答："大鹏鸟一展翅能飞越几百里，而我只能在方圆几里内的草地上活动而已。"

广圄禅师意味深长地反问："大鹏鸟展翅能飞越几百里，请问它已经飞越生死了吗？"

道岫默然不语，若有所悟。

俗话说："人比人，气死人。"比较计较是烦恼的来源，怎能透过禅而悟道呢？小麻雀与大鹏鸟虽有快慢、大小之别，甚至大鹏鸟一展翅几百里，但依然不能飞越生死大海。禅要从平等自性中流出，一旦道岫禅僧去除了比较计较，回归到平等自性中，就悟了。

【思考】

1. 试分析学僧无法契悟的原因。

2. 禅师如何开导学僧？

3. 试举例说明烦恼的来源。

【延伸——缁门崇行录】

出家人有做地理师的、做卜筮师的、做相面师的、做医药师的、做妇女科医药师的，又有做符水炉火烧铅炼汞师的，末法时代弊端实在太多了。有人说："百丈禅师令司马头陀选择一个可以做五百位僧人修行的道场，而找到了沩山道场，这是地理师的功劳；接着又选择沩山道场的住持，而得到灵祐禅师这位不可多得的僧材，这是相面师的功劳！这又怎么说呢？"

唉！这是古圣先贤为传扬佛法，普利群生而随顺的大机缘，不是一般人所能推测的，何况百丈禅师、司马头陀是何等人物，岂是现今相士、地理师可以比拟的呢！

——僧务杂术

# 不许为师

要学佛道，先结人缘；

荔枝有缘，即能悟道。

**【公案】**

兜率从悦禅师曾经参访过一位有密行①的清素禅师，并得其印可，他对这位老师非常礼敬。

清素禅师曾在石霜楚圆座下久参，平时甚少与人交往。有一次，清素禅师在房内，从悦禅师正好端着荔枝从窗口经过，就恭敬地招呼说："长老！这是家乡江西出产的水果，请您老吃几个吧！"

清素很欢喜地接过荔枝，感慨地说："自从先师圆寂后，已经很久没吃过了！"

从悦就问："长老，您的先师是哪位大德？"

清素回答："就是石霜楚圆禅师，我在他座下忝为职事十三年。"

从悦禅师非常惊讶地赞叹说："十三年堪忍职事之役，怎能不得其道呢？"说后，便将所有的荔枝全部供养②给清素长老，又向清素作礼。

清素说："我因福薄，先师为我授记③后，曾告诉我不可以传法、传人。今看你如此谦恭有礼，善解人缘，为此荔枝之缘，我就将先师石霜楚圆禅师的法脉传给你，现在你将你的心得告诉我。"

从悦禅师就将自己所见一一陈述。

清素开示："世界是佛魔共有的，你要从佛，不要从魔；这个世界是善恶共有的，你要从善，不要从恶；这个世界是光明、黑暗各拥有一半，你要从光明，不要从黑暗。"

从悦禅师得到印可以后，清素禅师教诫说："我今为你点破，让你得大自在，但切不可说承嗣于我，宝峰克文禅师才是你的老师！"

"要学佛道，先结人缘"，佛法在恭敬中求，从悦对前辈恭敬，恭敬中就能得道。古人"一饭之恩，终生不忘"，如清素禅师一荔之赐，竟肯道破心眼，此乃感恩有缘，亦禅门之美谈也。

## 【注释】

①密行：指持戒严密的修行或蕴善于内而不外着的修行。

②供养：指供食物、衣服等予佛法僧三宝、师长、父母、亡者等。

初期教团所受之供养以衣服、饮食、卧具、汤药等为主，称为四事供养。所行之供养除财供养外，尚有法供养，如以恭敬供养、赞叹供养、礼拜供养等精神之崇敬态度亦称供养。

③授记：谓佛对菩萨或发心修行的人给予将来证果、成佛的预记。

## 【思考】

1.清素禅师为何愿意将法传给从悦禅师？

2.为什么佛法在恭敬中求？

3.试举一则"一饭之恩，终生不忘"的故事。

## 【延伸——缁门崇行录】

宋朝怀深慈受禅师，有一天在小参时，开示徒众说："大家千万要忘却名和利，以恬淡为乐，世间名利心减少了，道念自然就会滋长了。像扁担山和尚一辈子拾栎树的果实充饥，永嘉大师不吃用锄头耕种的菜，因为耕锄唯恐伤害泥土的微小生物；惠休和尚三十年来只穿一双罗汉鞋，遇到地皮不坚硬的路时就打赤脚。你们今天衣食不缺，肚子还没饿就吃饭，天气还没冷就加衣，身体还没脏就洗澡，还没到睡觉时间就睡了；能够洞察一切，辨别真妄的眼力都还没有，况且心里头的烦恼不断，如何消受得了这样的福报呢？"

——诲众清约

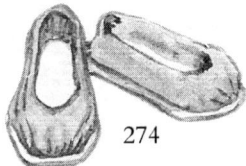

# 寸丝不挂

法性湛然深妙，本无来去之相；

玄机雪峰机锋，好个寸丝不挂。

**【公案】**

唐朝的时候，温州净居寺有一位玄机比丘尼，她住在大日山的石窟中，打坐参禅。

有一天，她忽然生起一个念头："法性湛然深妙，原本没有来去之相，我这样厌恶喧哗而趋向寂静，算不得是通达法性①的人。"

有了这样的想法后，玄机比丘尼便立刻动身去访问当时大名鼎鼎的雪峰义存禅师。

雪峰禅师见到玄机比丘尼，就问道："你从什么地方来？"

玄机比丘尼回答说："从大日山来的。"

雪峰禅师一听，就问道："太阳出来没有？"意思是说，从大日山来，太阳出来没有，悟道了没？

玄机不甘示弱，就答道："假如太阳出来，会把雪峰融化！"意思是，假如已觉悟的话，哪里还有你雪峰禅师？哪里还要来问你呢？

雪峰禅师见其出语不凡，便再问："你叫什么名字？"

比丘尼回答："我叫玄机。"

雪峰禅师一听到这个名字，又问："你一天能织多少？"

玄机比丘尼回答说："寸丝不挂！"意思是已经解脱尽净了。然后玄机就转身而退，才走了三五步，雪峰禅师又说："喂，你的袈裟②拖在地下了！"

玄机比丘尼连忙回头看自己的袈裟，雪峰禅师哈哈大笑说："好一个寸丝不挂！"

玄机比丘尼和雪峰禅师的对话，可以看出禅不同的境界。玄机的话是捷辩，不是禅，雪峰禅师的一句"好一个寸丝不挂"才是禅机！所以，一个人的实际修持，是开悟了，或是没有开悟；是解脱了，或是没有解脱，从谈话里面，禅师们都会把你问出来、考出来，或者是暗示出来。禅门的深浅，从对答中，就可以分出高下。

**【注释】**

①法性：指宇宙一切现象所具有之真实不变之本性。

②袈裟：指僧众身上之法衣，以其色不正而称名。意译作坏色、不正色、赤色、染色。

**【思考】**

1. 玄机比丘尼为何兴起下山的念头？

2. 你从玄机和雪峰禅师两人的对答中看出什么禅机？

3. 请分享一则让你印象最为深刻的禅话。

**【延伸——缁门崇行录】**

唐朝大梅山法常禅师，得到马祖道一禅师即心即佛的心法要旨后，孤身隐居深山，很少有人知道。有一天，盐官（指齐安国师）写信召见他，禅师谢绝不去，只回了一首诗偈："一池荷叶衣无尽，数树松花食有余；刚被世人知住处，又移茅舍入深居。"

——荷衣松食

# 野狐禅

不落不昧，两采一赛；

不昧不落，千错万错。

**【公案】**

有一天，百丈怀海禅师说法圆满之后，大家都已经退出了法堂，可是有一位老者依旧站在原地，不肯离去。

百丈禅师见状，就问说："前面站立的是什么人呢？"

老者回答："其实我不是人，而是一只野狐。过去在古佛①时，我就在百丈山修行。当时，曾经有一位学僧问我说：'大修行的人还落因果也无？'我答说：'不落因果。'就因为这一句回答，才堕了五百世的狐身，至今犹在畜生道中受苦。所以，想请禅师下一句转语，让我能够超脱这野狐之身。"

百丈禅师慈悲地答应了。

接着，老者就合掌恭敬地问："大修行的人还落因果也无？"

百丈禅师大喝说："不昧因果②！"老者闻言大悟，作礼告辞。

第二天，百丈禅师率领着寺中大众，来到后山石岩洞内，以杖挑出一只野狐尸体，然后用亡僧的礼节予以火葬。


一个是不"落"因果，一个是不"昧"因果，一字之差，结果却是天壤之别。"不落因果"，是指所有修行的人不受因果报应，这是胡言乱语地指点，大错特错；任何人都逃不出因果的定律和报应。

百丈禅师的"不昧因果"，实乃至理名言。因为任何修行悟道的人，都要不昧因果，都要受因果报应的。

所以，无门慧开禅师有一首偈颂云："不落不昧，两采一赛；不昧不落，千错万错。"即在说明此则公案。

**【注释】**

①古佛：指古时之佛、过去七佛，或指辟支佛、释迦、卢舍那佛等，或对有德高僧之尊称。

②不昧因果：不违背因果。

**【思考】**

1. 为什么老者会堕五百世狐身？

2. 何谓"不昧因果"？试举例说明。

3. 试述一则因果报应的故事。

**【延伸——缁门崇行录】**

宋末元初印简禅师，山西宁远人，八岁就随中观沼公出家。十八岁的时候，元兵攻下宁远城，众人都逃难去了，禅师仍旧服侍中观禅师。中观禅师就对他说："我年纪大了，你正值年轻有为，何必留在这里和我同归于尽呢？你自己逃命去吧！"

印简禅师流着泪说："因果丝毫不爽，况且死生有命，我怎么可以离开师父，而苟且偷生呢？"

翌日宁远城被攻破投降，元兵统帅史公天泽问："你是什么人？"

禅师回答："出家人。"

"吃肉吗？"

禅师回答："什么肉？"

史道："人肉。"

禅师说："虎豹这般凶狠的畜生都不吃同类的肉，何况是人呢！"史听了非常赞赏，因此释放了他。

——兵难不离

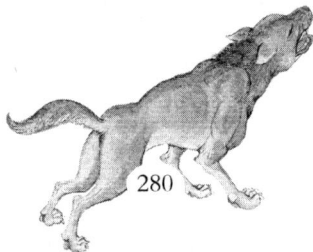

# 洗面革心

浪子冶游倦归家，老婆心切是良宽；

当惜寸阴勤系履，不道彼处是真章。

**【公案】**

日本江户时代，有一位大愚良宽禅师，他一生致力于参禅修行，从未曾稍稍松懈过一天。他老年的时候，有家乡捎来的消息说，他的外甥不务正业，成天吃喝玩乐，快要倾家荡产了，家乡父老希望这位和尚舅舅能大发慈悲，救救外甥，劝他回头是岸，重新做人。

良宽禅师于是不辞辛苦，走了三天的路程，回到久违的家乡。外甥见到和尚舅舅回来，十分高兴，特地留禅师在家里住一晚。

良宽禅师在俗家的床上禅坐了一夜。第二天清晨，良宽禅师准备告辞离去，他坐在床边穿鞋，却一直系不好草鞋的绳带，两手一直发抖，外甥见状，于是蹲下来帮舅舅将草鞋绑好。

这时，良宽禅师慈祥地对外甥说："谢谢你了，你看，人老了真是一点儿用都没有。你好好保重自己，趁着年轻的时候，好好做人，把该做的事情做好。"

说完之后，就头也不回地走了，对于外甥先前放荡的生活，禅师一句责备都没有。那天以后，他的外甥再也不花天酒地、生活浪荡，从此洗面革心，奋发向上。


禅宗的教学法，有时是当头棒喝，有时是反诘追问，有时是有无不定，有时则含蓄暗示。总之禅的教育，就是不说破，不说破才全部都是自己的。

从良宽禅师对外甥这种不说破的感化，应可给天下爱护儿女的父母们一些启示。吾人能否懂得这样的禅心呢？

**【思考】**

1. 禅宗有哪些教学法?

2. 承上题,良宽禅师用哪一种教学法教化他的外甥?

3. 试述禅的教育与一般教育有什么不同。

4. 请分享一则"洗面革心"的故事。

**【延伸——缁门崇行录】**

　　云栖寺僧团有一条规约:非理募捐化缘的人要被赶出山门。有一位僧人说:"不必禁这一条,禁了不就减少众生种福田的机会。虽然非理募化的人犯了过失,但众生可破悭贪,舍财物的利益和积功德。以前的出家人假借佛陀的名义营生,佛陀何尝为这些人设这一条禁约呢?"

　　我说:"你的话虽然诚实善良,但你只知其一,不知其二。非理募化的人,瞒着因昧着果,布施的人知道了,因而退了道心,以后就不再布施了,怎能使他破悭贪呢?佛陀在世时,有弟子自远方游化归来,经过一个村落,那个村落的人看见这些比丘,就赶紧把门关起来,弟子们就问这些人,什么缘故望而闭户,原来他们是怕这些比丘非理募化啊!于是这些弟子回来后,把这件事告诉佛陀,佛陀听了对那些非理募化的比丘加以呵斥责备,怎么能说佛陀对此不立禁约呢!要谨慎小心啊!千万不要非理募化。"

——非理募化

# 念佛打鼓

人生到处知何似，应似飞鸿踏雪泥；

泥上偶然留指爪，鸿飞哪复计东西？

**【公案】**

宋朝有一位将军曹翰，在讨伐南方的贼寇之后，路经庐山的圆通寺，众人知道曹翰的军队风纪不好，早就四散离去，只有住持圆通缘德禅师端坐法堂不动。曹翰叫他，他不理不睬，甚至连正眼都不瞧，曹翰觉得自尊心受损，不禁愤慨地怒骂："我的军队路过此间，只不过想借宿贵寺，让士兵们休息一下，为什么你连一声招呼都没有？你竟敢如此无理，难道你不知道面前站着一个杀人不眨眼的将军吗？"

禅师听了，平静地睁开双眼回答："一个军人站在佛前咆哮，如此无礼，难道不怕因果报应吗？"

曹翰更加大吼："什么因果报应不报应，你难道不怕死吗？"

缘德禅师也提高音量说道："难道你不知道面前坐着一个不怕死的禅僧吗？"

曹翰讶异于禅师的胆识，同时也被禅师的定力慑服，问道："这么大的一座寺庙怎么只剩下你一个人，其他人呢？"

缘德禅师说："只要一敲鼓，他们就会闻声回来。"

曹翰就猛力敲鼓，敲了好久，却没有出现任何人。曹翰不悦地说："已经敲鼓了，怎么不见有人回来？"

缘德禅师从容道："因为你打鼓的时候，杀气太重，请念一句'南无本师释迦牟尼佛'，然后敲一下鼓。"

曹翰就这样念佛打鼓，敲鼓念佛，不久众僧全都回来了。曹翰此时非常有礼地合掌问道："请问禅师上下？"

禅师平静地回答："我是缘德。"

曹翰叹服，随即跪下来祈求："原来是德高望重的缘德禅师！禅师，请指示我，如何才能在战争中致胜？"

缘德禅师漠然应道："不知道！"

自古以来，社会每有战乱，总有一些大德护卫道场，愿与寺庙共存亡，像缘德禅师，就是勇敢、慈悲、智慧的人。他兵难不离是勇，叫人念佛是慈，随兴回话是智，尤其当曹翰询问战争取胜之道，答以"不知道"，真是一位智仁勇的大德，像这样不就是禅心的功用吗？

**【思考】**

1. 为什么缘德禅师能够折服杀人不眨眼的将军？

2. 禅师"不知道"三个字，代表何种含义？

3. 请将"念佛打鼓"改写成一出十分钟的话剧。

**【延伸——缁门崇行录】**

唐朝桂琛禅师，常山人，初学戒律，后来参访禅宗的南宗大德，遍参诸大善知识，最后在福州玄沙大师座下得到启发，秘密行持不为人知。

漳州州牧太原王公，请他到闽城西石山莲宫，驻锡十几年，禅师密行而不轻易示人妙法，有人恳切请法，才为他开示，后来迁至漳州罗汉院，虽然院里残垣断壁，但桂琛禅师仍住得恬淡自乐。勤州太保琅琊公一再虔诚请琛公说法，琛公终于无法推辞，开演深妙法门，参学的人不计其数，大大弘扬法眼一宗。

——十年秘重

# 通身是眼

千手千眼观世音，通身是眼照世间。

**【公案】**

道吾圆智禅师和云岩昙晟禅师是师兄弟，都在药山惟俨禅师的座下修行。

有一天，道吾禅师问云岩禅师说："我们供在佛殿上的观世音菩萨，有千手千眼，现在请问你，观世音菩萨的千眼之中，哪一个眼睛才是正眼？"

云岩禅师回答："如同你昨天晚上睡觉，枕头掉到地下时，你没有睁开眼睛，手往地上一抓就把枕头抓起来，重新枕在头下又继续睡觉。请问你那个时候是用什么眼去抓的呢？"

道吾禅师听了以后，就说："喔！师兄，我懂了，我懂了。"

云岩继续问："你懂了什么呢？"

道吾禅师回答："遍身是眼。"

云岩禅师听后笑了一笑说："你只懂了八成。"

道吾禅师不禁疑惑地问："你怎么说我只懂了八成呢？那究竟该怎么说呢？"

云岩禅师指示："通身是眼。"

遍身是眼，是从分别意识上去认知的；通身是眼，才是从心性上、真心上、无分别智慧上显现的。我们有一个通身是眼的真心，为什么不用他彻天彻地的观照一切呢？

我们平时看东西用八识中的眼识来分别，可是肉眼能看到这边，就不能看到那边，能看到近处，就不能看到远处，能看到外面，就不能看到里面。但是天眼通就不同了，所谓天眼通，不论内外远近都看得到。然而天眼也不究竟，天眼之上还有慧眼，慧眼之上还有法眼，法眼之上还有佛眼。

以无分别心的佛眼来看世间，世间一切在自性上都无分别，是自然显现的。因此，我们参禅悟道者，以真心本性的心眼、佛眼来观看世间，就能无有不知、无有不晓，那就是禅的功用。

【思考】

1. 略述"遍身是眼"与"通身是眼"之间的差别。

2. 何谓"肉眼""天眼""慧眼""法眼""佛眼"？

3. 读了这则公案，你有什么感想？

【延伸——缁门崇行录】

有几位爱好收藏古董的人群聚一堂，各自取出收藏的古董来相互较劲，有人取出宋元或五代时的古物，大家看了都笑他，接着有人拿出唐、晋、汉、秦、三代（夏、商、周）的东西。恨不得能有上古帝王的锅子、燧人氏的钻子、神农氏的琴、太昊氏的瑟、女娲补天剩的五色石。

其中有一个人说："各位所收藏的，也算是很古老的古董了，但不是上古的，更不是上古中之上古的。"众人说："那么是太阳和月亮吗？"那人说："不是，先有天地然后有日月。""那么是天地吗？"那人又答："不是，先有虚空然后有天地。""那么是虚空吗？"那人回答："不算最古，我所收藏的古董是日月还没产生、天地还未成立、空劫以前的东西。诸位不惜千金去收购一炉、一瓶、一书、一画，而不知珍惜最古最宝贵的东西，实在迷糊啊！"众人听了互相观望，无言以对。

——好古（一）

# 育才之道

爱的摄受，力的折服；
情与无情，同圆种智。

**【公案】**

有位信徒在佛殿礼过佛后，信步走到花园散步，碰巧看到负责园艺的园头，正埋首整理着花草。只见他一把剪刀在手，此起彼落，将枝叶剪去；或将花草连根拔起，移植到另一盆中；或对一些枯枝浇水施肥，给予特别的照顾。

信徒不解，问道："您为什么将好好的枝叶剪去，为干枯的枝干浇水施肥，还把花草搬来搬去，连没种东西的地方也要锄土，有必要这么麻烦吗？"

园头禅师说："照顾花草，就像教育子弟、儿女一样；第一，要除去那些看似繁茂，却生长错乱、不合规矩的枝蔓、杂叶，花株才能发育良好。就如收敛年轻人的气焰，去其恶习，使其纳入正轨一样。

第二，将花连根拔起植入另一盆中，目的是使植物离开瘠土，接触沃壤。就如使年轻人离开不良的环境，到他处接触良师益友，求取更高的学问一般。

第三，特别浇水长养枯枝，实在是因为那些看来已死的枯枝，内中却蕴有无限生机。不要以为不良的子弟都不可救药，就对他灰心放弃。要知道人性本善，只要悉心爱护，照顾得法，终能使其重生。

第四，松动旷土，实因泥土中有种子等待发芽。就如对于那些贫苦而有心向上的学子，助其一臂之力，使他们有机会苗壮成长！"

信徒听后非常欢喜地向园头禅师说："谢谢您替我上了一课育才之道。"

世间没有不可救的生命，没有不可教的人才。

寺院山门处，往往供一尊笑容满面的弥勒佛像，意思是用慈悲感化你；弥勒佛的背后，却供了一尊手拿降魔杵的将军韦驮圣像，意思是慈悲感化不了你，便用威力折服你。父母师长对年轻子弟一面授予爱的感化，一面要给予力的折服，子弟必定能成材。

## 【思考】

1. 为什么照顾花草和教育子弟、儿女一样？

2. 对于不良的子弟要如何使其重生？试举例说明。

3. 社会上有哪些帮助贫苦学子成长的故事？

4. 请分享你的育才之道。

## 【延伸——缁门崇行录】

　　有人说："物以稀为贵，你的古董，是人人都有、都相同的，也不是你独有的，那有什么宝贵的呢？"那人回答："大家都有没错，但大家都遗失了，遗失就和没有一样，就算是我独有的，也没有错啊！"问的人又说："我们的古董，清清楚楚地摆在眼前，可以看看你的古董在哪里吗？"那个人展开双手给他们看。众人又再次互相观望，无话可说。

——好古（二）

第十章

# 一切皆禅

无时不禅，无处不禅，

无人不禅，无事不禅。

**【公案】**

有位云水僧听说无相禅师的禅道高妙，想找禅师辩论一番，因禅师刚好外出，由侍者沙弥出来接待："禅师不在，有什么事我可以代劳吗？"

云水僧说："你年纪太小，不是谈话的对手。"

侍者沙弥："年纪虽小，智慧不少。"

云水僧一听，觉得这回答还不错，想和沙弥打个禅机看看。云水僧先以手指比了一个小圆圈，并向前一指，侍者则摊开双手，画了一个大圆圈；云水僧竖起一根指头，侍者就竖了五个指头；最后，云水僧竖起三根指头，侍者便用手在眼睛上比了一下。

云水僧大惊，诚惶诚恐地跪下来向沙弥顶礼三拜后，掉头就走。

云水僧心想：我比了个小圆圈，向前一指，问他胸量有多大，结果他摊开双手画个大圈，说他的心有虚空那么大。我伸出一指问他自身如何，他伸出五指说他奉行五戒①。我再伸出三指问他三界②如何，他指指眼睛，说三界就在他眼里。一个侍者尚且有这么高的禅风，无相禅师的修行一定更加不可思议，莫测高深。

无相禅师回寺后，侍者报告先前发生的事。侍者说："那云水僧不知怎么知道了我俗家是卖烧饼的，他先比一个小圆圈说我家的烧饼只有一点点大，我马上摊开双手说烧饼很大喔！他又伸出一个指头说一个烧饼卖一文钱吗，我伸出五个手指说五文。他想还价，伸出三指问三文钱如何，我想这个人太没良心，便指指眼睛，说他不识货，想不到他就吓得逃走了。"

无相禅师听罢，说："一切皆法也，一切皆禅也。侍者，你会吗？"

侍者茫然。

佛法讲究机缘，禅，就是机缘。懂得，便无时不禅、无处不禅、无人不禅、无事不禅。不懂，即使说得天花乱坠，也与禅无关。禅史中有赵州茶、云门饼之说，此皆禅也。俗语云"说者无心，听者有意"，故无相禅师说："一切皆法也，一切皆禅也。"

### 【注释】

①五戒：指不杀生、不偷盗、不邪淫、不妄语、不饮酒。

②三界：指众生轮回的欲界、色界和无色界。

### 【思考】

1. 云水僧为什么没有等禅师回来就走了？

2. 为什么无相禅师说"一切皆法，一切皆禅"？

3. 试述一则"说者无心，听者有意"的事件。

### 【延伸——缁门崇行录】

北齐僧稠大师，昌黎人，二十八岁依止僧实大师出家。

齐文宣帝下诏敦请僧稠大师讲经说法，大师谢绝不去；于是皇帝亲自造访，扶着大师迎入内宫，大师为文宣帝讲论三界（欲界、色界、无色界）本空，国土危脆，世事无常，及广说四念处（观身不净，观受是苦，观心无常，观法无我）。文帝听了恍然大悟，冒了一身冷汗，于是依大师受菩萨戒，断酒肉，放鹰鹞，丢弃捕鱼的网罟及打猎的道具，并禁止百姓屠杀牲畜；订每年正、五、九月为长斋月，每月的初八、十四、十五、二十三、二十九、三十为六斋日，告诫百姓要持守斋戒。

——说法悟主

# 割耳救雉

但愿众生得离苦，不为自己求安乐。

**【公案】**

隋唐时候有位智舜禅师，他一向在外行脚云游。有一天，他在山林里打坐参禅，远远看到一名猎人，打中了一只野雉，野雉一路负伤逃到禅师的座前，智舜禅师看了不忍，便小心掩护这只虎口逃生的小生命。

过了一会儿，这位猎人跑来向禅师索讨野雉："请将我射中的野雉还给我！"

智舜禅师耐着性子，以无限的悲心向猎人劝说："野雉也是一条生命，你就放过它吧！"

猎人不耐烦地说："你要知道，那只野雉可当我一餐美味的菜肴啊！"

禅师试着用因果、罪业的道理开导猎人，但是猎人不为所动，仍旧坚持要讨回野雉。由于猎人一直和禅师纠缠不清，禅师无奈，最后就拿起行脚时防身用的戒刀，把自己的耳朵割下来送给猎人，并说："我这两只耳朵够不够抵你的野雉呢？"

猎人被禅师舍己护生之举所震慑，终于觉悟到打猎杀生是件残忍的事。

智舜禅师为了救护生灵，不惜损伤自己的身体，这种"但愿众生得离苦，不为自己求安乐"的美德，正是禅师慈悲的具体表现。

真正的禅者，不是逃避社会，远离人群，而是积极地力行舍己救人。从智舜禅师的割耳救雉，可见一斑。

人类为了满足自己的口腹之欲，不断地滥捕滥杀，使得很多珍禽异兽已濒临灭绝。希望今天的社会，慈悲心能随着物质的富裕而增加，不要只是为了自己的一念之贪，而滥杀损伤无辜的生命。

**【思考】**

1. 禅师如何说服猎人？

2. 你对禅师"割耳救雉"的举动有何感想？

3. 请分享一则"舍己救人"的故事。

**【延伸——缁门崇行录】**

隋朝国清寺智者大师，住在临海一带的地方，每天看见老百姓捕鱼为职业，渔网相连四百多里，江中设捕鱼的竹墙，及溪里筑的捕鱼孔堰，有六十余处。智者大师看了于心不忍，于是把自己所得的供养金，买海曲（今山东日照县西）为放生池，并上表陈后主。于是陈后主下令禁止在该地区捕鱼，还为此事立石碑纪念，命国子祭酒徐孝克为文。文辞甚为悲怆凄凉，看到的人无不哀伤感动而有所领悟。

——买放生池

# 一与二

百千法门，同归方寸，

河沙妙德，总在心源。

## 【公案】

在中国佛教传播史上，佛教虽然未与其他宗教发生过战争，但是佛教传入初期，与中国原有的道教，偶尔会有一些辩论。

有一次，某位道士就对法印禅师说："你们佛教怎么样也比不上我们的道教，因为佛教最高的境界是'一如<sup>①</sup>''一心<sup>②</sup>''一乘<sup>③</sup>''一真法界<sup>④</sup>''一佛一如来'，都只是'一'而已，而我们道教无论讲什么都是'二'，比方'乾坤''阴阳'等，这些都是'二'，所以道教的'二'自然要比佛教的'一'高明。"

法印禅师听了以后，一脸不解地问道士说："这是真的吗？你们的'二'真能胜过'一'吗？"

道士说："当然啊！只要你说'一'，我就能说'二'，绝对能胜过你们。"

这时候，法印禅师便将自己的一条腿慢慢地竖起来，然后对道士说："现在我已经竖起了一条腿，你能把两条腿同时竖立起来吗？"

道士不禁瞠目结舌，说不出话来。

法印禅师和道士的对答，就是方便机辩，这也可说是禅的巧妙运用。有了禅，就有灵巧、慧思、机辩；有了禅，就能不颠倒、不恐怖、不妄想。禅统一了自己，统一了时间；禅能带给我们所谓"一即一切，一切即一"的内在世界，真是非常美妙。

## 【注释】

①一如：指真如之理乃不二不异、平等无差别。

②一心：指真如、如来藏心。即宇宙万有之根本原理，绝对无二之心性。

③一乘：即指佛乘。

④一真法界：即是诸佛平等法身，从本以来不生不灭，非空非有，离名离相，无内无外，唯一真实，不可思议。

【思考】

1.试分析佛教与道教之间的差异性。

2.为什么说有了禅，就有灵巧、慧思、机辩？请举例说明。

3.何谓"一即一切，一切即一"？

【延伸——缁门崇行录】

唐朝玄鉴法师，泽州高平人。性情敦厚正直，看到不如法的人，必当面呵斥责骂，完全不忌讳对方是豪强或有权势之人。当时正逢寺院动工兴建道场，雇用很多工人，如有人送酒来给工人喝，法师就制止他说："我建寺院一定要如法，宁愿工人罢工，也不准工人喝酒。"

那时清化寺修建佛殿，有一位泽州望族叫孙义的人，载了两车酒要来慰劳工人，玄鉴法师就打破酒器，酒流了一地。孙义大怒，决定隔天要给法师难堪，但半夜梦见一个人拿刀子要杀他，叫他不可对法师无礼。醒来之后，觉悟自己的过错，于是恭敬地到法师面前忏悔。

今招待工人，不但用酒，还煮荤菜杀生，至于竖立栋梁、破土、赛神宴客，杀很多牲礼，还用钉钩拴在墙上。唉！净土还没成就，就先造了地狱因，这哪里只是虚言呢！要建寺修庙的人，应当要引以为戒啊！

——破坏酒器

# 诚实无欺

荣及而辞，人所难也；
辞而致罚，受罚而不欺。
不曰难中之难乎？
忠良传中，何得少此？
录之以风世僧。

**【公案】**

宋朝的芙蓉道楷禅师参禅开悟以后,非常热心地教导后学,大阐禅门宗风。

后来连皇帝也听说了道楷禅师的盛名,于是派遣使者前来,特地颁赠紫衣①袈裟,以褒扬他的德行及成就,并赐号"定照禅师"。可是道楷禅师视这些为虚名,不肯接受,上表坚辞。

皇上以为禅师只不过是客气谦让而已,于是又下令开封府的李孝寿亲王前往禅师处,表达朝廷褒奖的美意。但是禅师仍不领受,皇上终于大怒,下令州官将道楷禅师收押。

州官知道道楷禅师为人仁厚忠诚,所以他一到寺中,就抢先问道楷禅师说:"禅师,您的身体这么虚弱,容貌憔悴,是否已经生病了呢?"

道楷禅师回说:"没有。"

州官悄悄地说:"啊呀!你就说是生病了,这样才可以免除违抗圣旨的惩罚。"

道楷禅师一听,凛然地说:"我说没病就没病!怎么可以为了免除惩罚而诈病呢?"

州官无奈,只得将禅师逮捕入狱,后来贬送淄州。所有听到消息的信徒,甚至社会一般人士都涕泪不已。

我们看到的禅者大多性格风趣活泼,也有的禅者个性诚实固执,不欺天地。所以,明代的莲池大师曾赞美道楷禅师:"荣及而辞,人所难也;辞而致罚,受罚而不欺,不曰难中之难乎?忠良传中,何得少此?录之以风世僧。"

禅，是不打妄言。禅师们诚实固执的言行，也是禅风的一种表现。

**【注释】**

①紫衣：指朝廷赐予高僧大德之紫色袈裟或法衣。起始于唐代武则天以紫衣赐予重译《大云经》有功之僧法朗等人。又称紫服、紫袈裟。

**【思考】**

1. 试述本文之大意。

2. "诚实"对一个人的重要性为何？

3. 请分享一则诚实无欺的故事。

**【延伸——缁门崇行录】**

曾经有人说："人不宜见僧过，见僧过得罪。"然而，孔子是圣人，庆幸别人知道他的过错；子路是个贤人，也欢喜听到别人讲他的过失，为何出家人怕别人知道自己的过错而不想听呢？须知不要光看出家人过错的一面，这是对在家人说的，不是对出家人说的，出家人不可以仗恃着这句话为所欲为而毫无忌惮，那么这句话就成了在家人的良药、出家人的毒药了！

——见僧过

# 不为俗人拭涕

炼得身形似鹤形，千株松下两函经；

我来问道无余说，云在青天水在瓶。

## 【公案】

唐朝的时候，有一位行迹特异的明瓒禅师，喜以他人之残羹剩饭为食，故人称懒瓒。他隐居在湖南南岳的一个山洞中，曾写了一首诗偈表达他洒脱的隐居生活。

"世事悠悠，不如山丘，卧藤萝下，块石枕头；

不朝天子，岂羡王侯？生死无虑，更复何忧？"

唐德宗听说有懒瓒禅师这样的一个人，很想亲自见一见这位禅师，看看到底是怎样的一位人物，于是派大臣去迎请。大臣拿着圣旨寻到了岩洞，正好瞧见禅师在洞里举炊，大臣便在洞口大声呼叫："圣旨到，赶快跪下接旨！"可是洞内的懒瓒禅师却毫无回应。

大臣忍不住探头一瞧，只见禅师正升火煮芋头，洞内到处烟雾弥漫，熏得禅师是涕泗纵横。大臣看了，忍不住提醒说："喂！禅师，你的鼻涕流下来了，怎么不擦一擦呢？"

然而，懒瓒禅师却头也不抬地回答说："我可没闲工夫为俗人擦拭鼻涕！"

大臣见禅师不再答理他，只好赶回朝廷回复，将两人见面的经过据实禀告皇帝。德宗皇帝听了十分感叹地说："国家有如此禅师，真是大众之福啊！"

出家人依性格的不同，有活跃的人间比丘，以及性好寂静的兰若比丘。人间比丘弘法利生，服务社会，兰若比丘则隐居深山岩穴，清净修道。懒瓒禅师安贫乐道，即使受到皇帝宠召，也不以为意，宠辱不惊，禅师高风亮节的行谊，可说是修行者的典范。

**【思考】**

1. 为什么懒瓒禅师会说没闲工夫为俗人擦拭鼻涕？

2. 试述人间比丘与兰若比丘有哪些性格上的差异。

3. 请列举三位修行者的典范。

**【延伸——缁门崇行录】**

　　南朝宋代道法禅师，敦煌人，专修禅定。后来游学四川成都，王休之、费鉴之等迎请住持兴乐寺和香积寺。大师教导有方，常行乞食，不单独接受供养，也不在大众用斋之前先食。乞食所剩的东西，皆用来布施虫子和鸟类等动物，晚上则脱衣坐着饲养蚊蚋。后来在入定中，见弥勒佛脐中放光，照耀历显地狱、饿鬼、畜生三涂的果报，于是更加精进自励，常坐不卧。南朝宋废帝元徽二年，于定中灭度。

——常行乞食

# 回 向

回事向理，回小向大，
如灯照室，光明通彻。

**【公案】**

有一个农夫，礼请无相禅师到家里来为他的亡妻诵经超度，佛事完毕以后，农夫问说："禅师！你认为我太太能从这次佛事①中得到多少利益呢？"

无相禅师答说："佛法如慈航普度，如日光遍照，一场佛事，不只是你的太太可以得到利益，一切有情众生都能同沾法益。"

农夫听了，很不满意地说："可是我的太太非常娇弱，其他众生也许会占她便宜，把她的功德夺去。能不能请您只单单为她诵经超度就好，不要回向给其他的众生。"

无相禅师不免慨叹农夫的自私，但他仍然慈悲地开导说："回转自己的功德以趣向他人，使每一众生都能均沾法益，是个很讨巧的修持法门。回向②有回事向理③、回因向果④、回小向大⑤的内容，就如阳光不是只照耀一人，太阳一出可以照耀大众万物；一粒种子落土，可以生长万千果实。"

禅师看了农夫一眼，接着又说："同样的，就如你发心点燃了一根蜡烛，你可以去引燃千千万万根蜡烛，不仅光亮增加百千万倍，自己本身的这根蜡烛，也不因此而减少光亮。如果人人都能有这样的观念，则我们微小的自身，也能因为千万人的回向，而蒙受许多功德。如此既能利人，于己也无损失，何乐而不为呢？所以，我们佛教徒应该平等对待一切众生！"

农夫仍然顽固地说："这个教义虽然很好，但我还是想请法师破个例。我有一位邻居老赵，他老是欺负我、害我，如果能把他除去在一切众生之外就好了。"

无相禅师不禁严厉地反问："既曰一切，何有除外？"

农夫茫然，若有所思。

　　人性的自私狭隘，在这位农夫的身上完全可以看得出来。只要自己快乐，是自己所得所有，哪管他人的死活。孰不知别人都在受苦受难，自己怎能一个人独享？世间事都有事与理两面，事相上虽有多少、有差别，但在道理上则无多少、无差别，一切平等。等于一灯照暗室，举室通明，何能只照一物，他物不能沾光？

　　懂得一切的人，才能拥有一切；舍弃一个，就是舍弃一切。舍弃一切，人生还拥有什么呢？


## 【注释】

　　①佛事：谓诸佛教化众生之事。今指僧尼等所作诵经祈祷、拜忏礼佛等事。

　　②回向：又作回向、转向、施向。以自己所修之善根功德，回转给十方法界一切众生。

　　③回事向理：把事相上所修一切功德回向真理。

　　④回因向果：即回转所修之因行，转向所求之果。

　　⑤回小向大：将现前所做善事，回向给所有法界众生，自利利他。


## 【思考】

　　1. 试述"回向"的意义和方法。

　　2. 何谓"回事向理""回因向果""回小向大"？

　　3. 试着撰写一篇读后心得。

【延伸——缁门崇行录】

唐朝慧斌法师，兖州人，父亲名朗，在朝为官，年将近一百岁，法师敬爱其父，觉得没什么好报答父亲的恩德，只好在汶水南面，都城大通道交会处，凿建一口井，以此功德回向报答父恩。并且树立碑铭以兹纪念，有"殷忧暮景，见子无期；百年几日，对此长悲"等感人字句。

——凿井报父

# 心净国土净

参禅何须山水地，灭却心头火亦凉。

**【公案】**

有一位非常虔诚的信徒，每天都从自家花园里，采撷鲜花到寺院里来供佛。

某天，当她把花送到佛殿时，巧遇无德禅师，无德禅师非常欢喜地说："经典记载，常以香花供佛者的人，来世得庄严相好的容貌。"

信徒也非常欢喜地回答："采花供佛是应该的，我每次到佛殿里来，自觉心灵好像洗涤过般清凉、清净，但回到家中，心就烦乱了。请问禅师，身处在这个烦嚣的尘世中，如何保持一颗清净纯洁的心呢？"

无德禅师反问："插在瓶子里的鲜花，如何保持它的新鲜呢？"

信徒回答道："保持花朵新鲜的方法，就是每天替它换水，同时，把它腐烂的根剪去一截。因为花梗泡在水里很容易腐烂，腐烂之后，水分不易吸收，就容易凋谢。"

无德禅师说："一点儿也不错！我们保持一颗清净纯洁的心，道理也是一样。生活环境就像花瓶里的水，我们就是花。唯有不停地净化我们的身心，变化我们的气质，并且不断地忏悔、检讨，改进陋习、缺点，把不正当的心念从心中革除，这样才能不停地吸收到大自然的养分。"

信徒听得非常欢喜，作礼感谢道："谢谢禅师的开示，希望以后有机会能过一段寺院中禅者的生活，享受晨钟暮鼓、菩提①梵唱的宁静。"

无德禅师说："你的呼吸便是梵唱，脉搏跳动就是钟鼓，身体即是庙宇，两耳就是菩提。无处不是宁静，又何必等到寺院来呢？古德有言'热闹场中作道场'，只要自己息下妄缘②，抛开杂念，哪里不宁静？如果说你心里不宁静，就算是住在深山古寺里，一样无法修行。"

禅者的生活，正是热闹场中作道场，只要灭却心头火，不论在什么地方都可以感到自在清凉。参禅者重视"当下"，何必期待明天呢？所以"参禅何须山水地，灭却心头火亦凉"就是这个道理。

**【注释】**

①菩提：指豁然彻悟的境界，又指断绝世间烦恼而成就觉悟的智慧。

②妄缘：指虚妄不实之缘。

**【思考】**

1.试述佛门十供养的意义。

2.如何在烦嚣的城市中保持一颗清净纯洁的心？

3.你对"参禅何须山水地，灭却心头火亦凉"有何想法？

**【延伸——缁门崇行录】**

南朝宋代昙宗大师，秣陵人，在灵昧寺出家。曾经为宋武帝做天台六时菩萨五忏悔法（忏悔、劝请、随善、回向、发愿），武帝笑着问昙宗大师："寡人有什么罪过，需要您替我拜忏？"

昙宗大师回答："昔时虞舜，算是大圣人了，曾对禹说：'如果我违背了正道，您要以义理辅正我。'商成汤、周武王也都说：'百姓有什么罪过，都是我所引起的。'古代圣王引咎自责，实在足以作世间的模范。皇上和古代圣人一样贤明，行圣王之道更要谦虚，怎可和其他圣王不同，而不责备自己呢？"宋武帝听了非常赞许。

——劝修忏法

316

# 咸淡有味

咸有咸的味道，淡有淡的味道。

**【公案】**

以艺术家身份出家为僧的弘一大师，是近代佛门里非常有修行的一位大师。他安贫乐道，过着既是禅也是艺术的生活。我们从他的生活里，可以看出他在艺术的境界和禅的体验。

有一天，有名的教育家夏丏尊去拜访他，看到大师吃饭的时候，只有一碗咸菜配饭吃。

夏丏尊看到这种情形，很不忍心地说："难道您不嫌这咸菜太咸吗？"

弘一大师毫不介意地说："咸有咸的味道。"

饭后，弘一大师倒了一杯开水，夏丏尊又皱起眉头说："连茶叶都没有吗？您每天都喝这种平淡的开水？"

弘一大师笑着又说："淡有淡的味道。"

有一次，弘一大师住在一个小客栈里，夏丏尊发觉床上不时有跳蚤、臭虫跳来跳去，忍不住抱怨说："这家客栈臭虫这么多！"

弘一大师说："不多，几只而已。"

弘一大师用的毛巾已经很破烂了，夏丏尊说要送他一条，大师连忙说："不用，不用，这毛巾才用十年，还可以再用几年。"


弘一大师出家后的生活，我们可从他对夏丏尊所说的"咸有咸的味道，淡有淡的味道"中，了解弘一大师无论在什么情况之下，他都觉得"有味道"，因为他有禅，有了禅就可以转化一切境界，丰富他的生活。

弘一大师一生的生活，无处不是味道。一个有臭虫的小旅馆，他可以当成是净土，这种"随遇而安"的"随缘"生活，正是禅者的最高境界。

【思考】

1. 略述弘一大师出家的因缘。

2. 试述饮食与修行之间的关系。

3. 从这则公案中，你学到了什么？

【延伸——缁门崇行录】

修道人著作，不是世间词章传记等文辞可以比拟的。必须要能对上阐明佛的心法，对下开导后学悟道的门路。这个责任非同小可。如果所学的不精通，见地不正确，稍有见解错误的，不就违背先佛的意旨，而贻误后学的人吗？孔夫子勤读《易经》，致使编联竹简的皮绳多次脱断，才把赞易文的《十翼》完成。朱熹临命终时，还在修改《大学·诚意章》的要旨。古人对于著述，是这样谨慎，何况出世的语句言论，谈何容易！

唐朝德山宣鉴禅师，出家后精究律藏，常讲《金刚经》，被称为"周金刚"。后闻南方禅席颇盛，于是带着《青龙疏钞》，前往龙潭，后来大悟，遂将自己写的《青龙疏钞》付诸火炬。还有宋代隆兴府兜率从悦禅师，参道吾仲圆、云盖智本、洞山克文等大和尚后，深领奥旨，初承印证，后来碰到潭州石霜楚圆禅师侍者清素禅师，虔诚求教，清素大师告诉他洞山传给他的皆正知正见，可惜他离师太早，今为他点破，如是累日，才受清素禅师印可，如果兜率从悦大师以初所得为满足而自大，哪有后来得清素大师再印心法之事？所以说，少年著述，还是不要太急的好。

——著述宜在晚年

# 那就是禅

达摩西来一字无，全凭心地用功夫；
若要纸上谈人我，笔影蘸干洞庭湖。

**【公案】**

日本明治时代，有一位医生王田，虽然精通医术，但还是常常有许多病人死去，受职业的影响，他很惧怕死亡。某天，他遇到一位行脚的云水僧，便上前请问："什么叫作禅？"

云水僧答："我也不知如何告诉你，但可以确信的是，一旦学会了禅之后，就不用怕死了。"

王田听了非常欢喜地说："那太好了，可是要到哪儿学禅，到哪儿找禅师呢？"

云水僧告诉王田："听说南隐禅师是个慈悲智慧的善知识。"

于是王田医师就来到南隐禅师的住处，说明来意，并请求开示。

南隐禅师说："禅不难学，不过既然你是医生，回去好好照顾你的病人，那就是禅。"

王田似懂非懂，前后又拜访了南隐禅师三次，可是南隐总是对他说："一个医生不应该每天把时间消磨在寺院里，赶快回去照顾你的病患吧。"

王田医师非常不解，心想这种开示怎能驱除怕死的念头呢？所以当他第四度参访南隐禅师时，就埋怨："有位云水僧告诉我，人一旦学了禅就不会怕死，可是我每次到这里来，您总是要我回去照顾病患，对于这点我很不明白，假如照顾病患就是所谓的禅，那我以后就不必再来向您请教了。"

南隐禅师笑着拍拍王田的肩膀说："我对你太严格了，让我给你一个公案试试吧！"

南隐禅师要王田参"赵州无①"的话头。王田苦参这"无"字公案，前后两年，当他将心境告诉南隐禅师时，得到的答案是"尚未进入禅境"。王田不灰心，更专心致志地又参究了一年半，终于自觉心地澄明，难题逐渐消失；"无"已成了真理，他善待他的病人而不知其为善待，他已脱离了生死挂虑。最后，当他叩见南隐禅师时，禅师只对他微笑说了一句："从忘我到无我<sup>②</sup>，那就是禅心的显现了。"

王田医师由于经常接触生老病死，因此"眼看他人死，我心急如火，不是伤他人，看看轮到我"，所以对死亡就起了恐怖。南隐禅师要他好好照顾病患，这就是参禅；因为一个人放弃责任、放弃爱心，怎么能入禅呢？等到他参透了"无"字的公案，从有心到无心，从有我到无我，从有生到无生，那就是无死的禅境了。


**【注释】**

①赵州无：禅宗公案。"狗子有无佛性？"自古为禅宗破除执着于有、无之公案。此则公案中，赵州从谂系借狗子之佛性以打破学人对于有无之执着。

②无我：主张所有之存在无有如是之我，而说无我者，称为诸法无我。


**【思考】**

1. 为何南隐禅师说好好照顾病人就是禅呢？

2. "有"与"无"之间应如何拿捏？

3. 试述一则"大公无私"的感人事迹。

**【延伸——缁门崇行录】**

　　宋朝云居山道简禅师，初次参谒道膺禅师时，膺公和他对话三天，十分惊叹他的根器，告诫他要刻苦耐劳，服务大众，以众为我，于是他就亲自汲水、舂米、打柴和典座，协助所有寺务运作，偶尔也和大众一起参禅论道，谈古论今，大家都不晓得他是一位难得的杰出僧材。

——刻苦事众

# 真假妄语

无心可修，无道可用；

真假俱造，即如如佛。

**【公案】**

大德道光禅师有一次问大珠慧海禅师："禅师！您平常用什么心修道？"

大珠慧海禅师说："老僧无心可用，无道可修。"

"既然无心可用，无道可修，为什么你每天要聚众劝人参禅修道呢？"

大珠慧海禅师说："老僧我上无片瓦，下无立锥之地，哪有什么地方可以聚众？"

道光禅师说："事实上，你每天都在聚众论道啊，难道这不是说法度众？"

大珠慧海禅师说："请不要冤枉我，我连话都不会说，如何论道？况且，我连一个人都没有见到，怎么说我在度众呢？"

道光禅师非常不解地说："禅师，您这可打妄语了！"

大珠慧海禅师说："老僧连舌头都没有，怎么会打妄语呢？"

"难道这个世间，你和我的存在，还有你参禅说法的事实，都是假的吗？"

大珠慧海禅师说："那一切都是真的！"

"既是真的，你为什么都要否定呢？"

大珠慧海禅师告诉道光："假的要否定，真的更要否定！"道光禅师终于大悟。


说到真理，有时要从肯定上去认识，有时也可从否定上去认识。如《心经》所说："色即是空，空即是色，受想行识，亦复如是。"这就是从肯定中认识人生、认识世间。

《心经》又云："无眼、耳、鼻、舌、身、意，无色、声、香、味、触、法。"这就是无六根、无六尘。无六根、无六尘，就没有主观的自我，也没有客观的境界，这是从否定中来认识人生、认识世间。

大珠慧海禅师的"否定一切"，不是妄语，因为否定一切，才是肯定一切。所以，学禅的人，有时候从否定里肯定，有时从肯定里否定，那都是禅！

【思考】

1. 大珠慧海禅师为什么都要否定道光禅师的话呢？

2. "假的要否定，真的更要否定"的意义为何？

3. 请分享读《心经》的心得。

【延伸——缁门崇行录】

唐朝智实大师住在洛阳时，唐太宗驾临洛阳，下诏道士的名位及斋供列在僧侣之前。洛阳的僧人纷纷陈述谏言，但当事官不采纳。智实大师见皇帝驾临，随即上表陈奏，申论这种举措的过失。皇帝命令宰相岑文本诏书告诫，大师择善固执不接受皇帝的诏令。

皇帝震怒，在朝堂以杖处罚大师，并且将他的僧衣换成平民的服饰，流放至岭南。有人讥笑大师不自量力，不知进退，大师说："我本来就知道无法扭转这个局势，我之所以据理力争，是要让后世的人知道这个时代，还有一个择善固执、威武不屈的和尚罢了。"听到这些话的人，都赞叹佩服不已。

——抗章不屈